Word 고등 숙어
∞ master

Writer

전광훈

Staff

발행인 정선욱
퍼블리싱 총괄 남형주
개발 김태원 김한길 박하영 송경미 양소현
기획·디자인·마케팅 조비호 김정인 이연수
유통·제작 서준성 신성철

워드마스터 고등 숙어 202311 초판 1쇄 202406 초판 3쇄
펴낸곳 이투스에듀㈜ 서울시 서초구 남부순환로 2547
고객센터 1599-3225
등록번호 제2007-000035호
ISBN 979-11-389-1752-0 [53740]

Preface

Word Master 고등 숙어는 고교 내신과 수능 대비를 위해
반드시 알아야 할 숙어를 효과적으로 암기할 수 있도록 구성한
책입니다.

한 권으로 마스터하는 고등 필수 숙어

Word Master 고등 숙어 한 권으로 고교 내신과 수능 대비를
할 수 있도록, 고등학교 주요 교과서, 각 학년별 학력평가 3개년,
모의평가 및 수능 5개년, 수능 연계 EBS 교재 3개년을 DB화
하였습니다. DB화된 수많은 숙어의 빈출도와 중요도를 산출하여
800개의 고등 필수 숙어를 선별하고 배치하였습니다.

암기 효과를 높이는 파트 구성

총 40일의 학습 스케줄로 핵심 숙어를 특성에 따라 효과적으로
암기할 수 있도록 파트를 나누어 구성하였습니다. PART I에서는
핵심 동사와 전치사 및 부사의 대표 의미와 함께 핵심 숙어를,
PART II에서는 빈출순 필수 숙어를, 마지막으로 PART III에서는
빈출순 고난도 숙어를 단계적으로 학습할 수 있습니다.

어휘력 확장과 학습 편의를 위한 요소

각 숙어의 유의어 및 추가 표현을 통해 학생들의 어휘력을 폭넓게
향상시킬 수 있도록 하였습니다. 또한 학습하기 용이하도록 혼동
숙어를 묶음으로 제시하였습니다.

STRUCTURE & FEATURES

PART

I 의미 추론으로 암기하는 핵심 숙어

Day 01부터 Day 10까지 10일의 학습 일정으로 구성하였습니다.

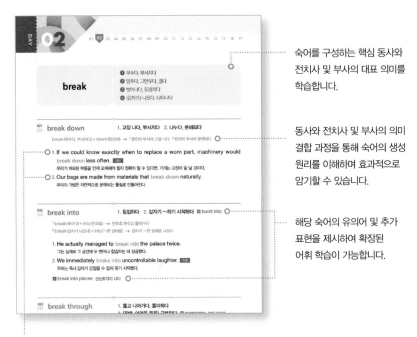

숙어를 구성하는 핵심 동사와
전치사 및 부사의 대표 의미를
학습합니다.

동사와 전치사 및 부사의 의미
결합 과정을 통해 숙어의 생성
원리를 이해하며 효과적으로
암기할 수 있습니다.

해당 숙어의 유의어 및 추가
표현을 제시하여 확장된
어휘 학습이 가능합니다.

숙어가 실제 기출에서 어떻게 쓰였는지 교과서, 학평,
모평, 수능, EBS의 예문을 통해 확인할 수 있습니다.
다의어의 경우 각 의미마다 예문을 제시하였습니다.

QR코드를 통해 MP3를
쉽게 들을 수 있습니다.

혼동 숙어는 묶어 배치하여
학습의 편의성을 높였습니다.

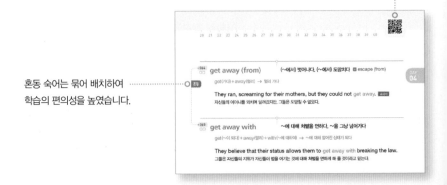

PART II

빈출순으로 암기하는 필수 숙어

Day 11부터 Day 35까지 25일의 학습 일정으로 구성하였습니다.

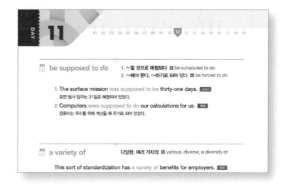

PART III

빈출순으로 암기하는 고난도 숙어

Day 36부터 Day 40까지 5일의 학습 일정으로 구성하였습니다.

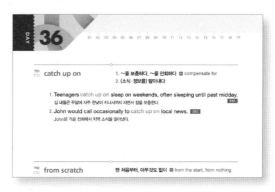

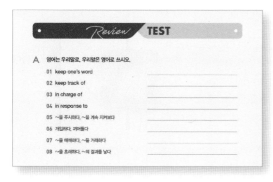

Review Test

Day별로 학습한 숙어를 확인하고 응용해 볼 수 있는 연습 문제로 복습할 수 있습니다.

 본문에 쓰인 기호

🟰 유의어   혼동 혼동 숙어   ➕ 추가 표현   ( ) 생략 가능 어구   [ ], / 대체 어구   《 》보충 설명

온&오프 듀얼 영단어 학습 시스템으로 강화된
Word master

1 **워크북**

본책 학습 후 셀프 테스트 및 복습이 가능합니다.
Day별 숙어와 예문을 테스트하는 Daily Check-up과
4일 단위로 복습할 수 있는 Final Check-up으로
구성되어 있습니다.

2 **미니북**

표제어 – 뜻과 유의어, 듣기 QR코드가 수록된
미니북으로 언제 어디서나 간편하게 단어를 외울 수
있습니다.

3 **학습 앱**

자투리 시간을 활용하여 숙어 암기뿐만 아니라
MP3 파일 재생, 숙어 테스트까지
하나의 앱으로 가능합니다.
워크북의 학습앱 코드를 입력하여 사용하세요!

CONTENTS

WORD MASTER
SERIES

PART

I

의미 추론으로 암기하는
핵심 숙어

keep

❶ 특정한 상태나 위치에 머무르게 하다, 유지하다
❷ 약속이나 규칙을 지키다
❸ 막다, 방해하다

001 □□ **keep ~ in mind** ~을 기억하다, ~을 명심하다 ⊟ remember, bear ~ in mind

keep(계속 두다) + in(안에) + mind(마음) → ~을 마음 안에 계속 두다

Engineers keep in mind the values that are promoted by their creations. EBS
공학자들은 자신들의 창조물에 의해 증진되는 가치를 명심한다.

⊞ have ~ in mind ~을 생각하다, ~을 염두에 두다

002 □□ **keep an eye on** ~을 주시하다, ~을 계속 지켜보다 ⊟ monitor, watch

keep(계속 두다) + an eye(눈) + on(~에) → ~에 눈을 계속 두다

Because he's keeping an eye on his dark side, he's better able to keep it in check. EBS
자신의 어두운 면을 주시하고 있기 때문에, 그는 그것을 더 잘 억제할 수 있다.

003 □□ **keep out** ~을 안에 들이지 않다, ~을 제외하다 ⊟ exclude, shut out

keep(계속 두다) + out(밖에) → 들어오지 못하도록 밖에 계속 두다

In some states in America, women were kept out of jury pools. 교과서
미국의 일부 주에서, 여성들은 배심원단에서 제외되었다.

⊞ keep out of ~을 피하다, ~을 멀리하다

004 □□ **keep away from** ~을 가까이하지 않다, ~을 피하다, ~을 멀리하다
⊟ stay away from, avoid

keep(계속 두다) + away(멀리) + from(~로부터) → ~로부터 계속 멀리 두다

Each baby quoll learned to keep away from the hazardous toads. 학평
각각의 새끼 주머니고양이는 위험한 두꺼비를 피하는 법을 배웠다.

DAY
01

005 **keep ~ in check**   ~을 저지하다, ~을 억제하다 ▣ control, restrain

keep(계속 두다)+in(안에)+check(억제) → ~을 억제 속에 계속 두다

The farmer asked his neighbor to keep his dogs in check. 학평
그 농부는 그의 이웃에게 그의 개들을 저지해 달라고 요청했다.

006 **keep on (-ing)**   계속해서 (~을) 하다 ▣ continue, persist, go on

keep(유지하다)+on(계속해서) → 계속하다

She taught the students some steps and kept on dancing for some time. 학평
그녀는 학생들에게 몇 가지 스텝을 가르쳤고 한동안 계속해서 춤을 추었다.

007 **keep up with**   ~을 따라가다, ~에 뒤처지지 않다 ▣ keep pace with

keep(유지하다)+up(나란히)+with(~와) → ~와 나란히 유지하다

Some students rarely make an effort to keep up with the class. 교과서
몇몇 학생들은 수업을 따라가기 위해 거의 노력하지 않는다.

008 **keep track of**   ~을 놓치지 않고 따라가다, ~을 계속 파악하다

keep(유지하다)+track(자취)+of(~의) → ~의 자취를 따라가며 유지하다

The smart refrigerator will keep track of all the items it contains. 교과서
그 스마트 냉장고는 그것 안에 들어 있는 모든 물건들을 계속 파악하고 있을 것이다.

009 **keep A from -ing**   A가 ~하지 못하게 하다 ▣ stop[prevent] A from -ing

keep(막다)+A+from(~하지 못하도록)+-ing(~하는 것) → A가 ~하지 못하도록 막다

An obvious shortcoming should not keep you from listing an alternative. EBS
명백한 단점이 당신이 대안을 나열하지 못하게 해서는 안 된다.

---

010 □□ keep one's word 약속을 지키다 ■ keep one's promise

keep(지키다) + one's word(~의 말) → ~의 말을 지키다

When someone fails to keep their word, his or her reputation is damaged.
누군가가 자신의 약속을 지키지 못할 때, 그 사람의 명성은 손상을 입는다.

➕ break one's word[promise] 약속을 어기다

---

in

❶ 안에, 안으로
❷ (대상) ~에 대해
❸ 끼어들어, 가담하여
❹ ~의 상태에 있는, ~의 상황에 처한

---

011 □□ break in
1. **침입하다** ■ break into, intrude, invade
2. **끼어들다, 방해하다** ■ interrupt, disturb, cut in

¹ break(부수다) + in(안으로) → 안으로 부수고 들어가다
² break(끊다) + in(끼어들어) → 끼어들어 끊다

1. Someone was trying to break in through a window.
   누군가가 창문을 통하여 침입하려고 했다.
2. He apologized for breaking in on their conversation.
   그는 그들의 대화에 끼어든 것에 대해 사과했다.

---

012 □□ take in
1. **~을 이해[파악]하다, ~을 받아들이다**
   ■ absorb, understand
2. **~을 섭취하다** ■ intake, ingest

take(받아들이다) + in(안으로) → ¹ 정보를 머리 안으로 받아들이다 ² 음식을 몸 안으로 받아들이다

1. The hitter has no time to take in the moment. ▐ EBS ▐
   그 타자는 그 상황을 파악할 시간이 전혀 없다.
2. People can easily take in too many calories.
   사람들은 너무 많은 열량을 쉽게 섭취할 수 있다.

013 be involved in

1. ~에 참여하다, ~에 연루되다
2. ~에 몰두하다 ▤ be absorbed in, be engaged in

[1] be involved(포함되다) + in(안으로) → ~ 안으로 포함되어 연루되다
[2] be involved(몰두하고 있다) + in(~에 대해) → ~에 대해 몰두하다

1. You should be actively involved in making analogies. 학평
   여러분은 유추하는 데 적극적으로 참여해야 한다.
2. Students choose to be involved in a topic for a variety of reasons. EBS
   학생들은 다양한 이유로 어떤 주제에 몰두하기로 선택한다.

➕ get involved in ~에 관여하다, ~에 몰두하다

014 specialize in

~을 전문으로 하다, ~에 특화되다, ~을 전공하다 ▤ major in

specialize(전문으로 하다) + in(~에 대해) → ~에 대해 전문으로 하다

The notion that art specialized in the expression of the emotions was particularly attractive. 모평
예술이 감정 표현에 특화된다는 관념은 특히 매력적이었다.

015 deal in

~을 매매하다, ~을 거래하다 ▤ trade in, sell

deal(거래하다) + in(~을 대상으로) → ~을 대상으로 거래하다

The shop deals in rare books as well as paperback fiction, poetry and philosophy.
그 상점은 염가 소설책, 시집 그리고 철학책뿐만 아니라 희귀한 책도 매매한다.

016 engage in

~을 하다, ~에 참여하다 ▤ take part in, participate in

engage(참여[관여]하다) + in(가담하여) → ~에 가담하여 참여하다

Teams feel more effective when they regularly engage in challenging discussions. EBS
팀들은 도전 의식을 북돋우는 토론에 자신들이 정기적으로 참여할 때 더 효과적이라고 느낀다.

---

017 **step in** 　　　　　　　개입하다, 끼어들다　☒ cut in, middle in, intervene

step(발을 내딛다) + in(끼어들어) → 발을 내디뎌 끼어들다

Another Roebling stepped in to save the bridge. 　교과서

또 한 명의 Roebling이 그 다리를 구하기 위해 개입했다.

---

018 **in charge (of)** 　　　　　(~을) 책임지는, (~을) 맡은　☒ responsible (for)

in(~의 상태에 있는) + charge(책임) + of(~에 대한) → ~에 대한 책임 상태에 있는

We imagine a solid housewife, left at home in charge of the farm. 　EBS

우리는 농장을 책임지도록 집에 남겨진 믿음직한 주부를 상상한다.

---

019 **in response to** 　　　　　~에 반응[대응]하여, ~에 대한 반응으로

in(~의 상태에 있는) + response(대응) + to(~에 대해) → ~에 대해 대응 상태에 있는

Individuals who struggle with obesity tend to eat in response to emotions.

비만으로 고심하는 사람들은 감정에 반응하여 먹는 경향이 있다. 　학평

➕ respond to ~에 반응하다, ~에 응답하다

---

020 **result in** 　　　　　~을 초래하다, ~의 결과를 낳다
　　　　　　　　　　　　☒ cause, bring about, give rise to

result(결과로 되다) + in(~의 상태에 있는) → 결과적으로 ~의 상태에 있게 되다

Losing these microbes may result in increased body fat. 　교과서

이 미생물들을 잃는 것은 체지방이 늘어나는 결과를 낳을 수 있다.

A 영어는 우리말로, 우리말은 영어로 쓰시오.

01 keep one's word _____

02 keep track of _____

03 in charge of _____

04 in response to _____

05 ~을 주시하다, ~을 계속 지켜보다 _____

06 개입하다, 끼어들다 _____

07 ~을 매매하다, ~을 거래하다 _____

08 ~을 초래하다, ~의 결과를 낳다 _____

B 다음 문장의 빈칸에 들어갈 표현을 골라 알맞은 형태로 쓰시오.

break in	keep up with	specialize in
engage in	keep away from	take in

01 It is not easy to _____ the rapidly changing information technology environment. 빠르게 변화하는 정보 기술 환경에 뒤처지지 않는 것은 쉽지 않다.

02 We _____ developing training solutions for multinational corporations. 우리는 다국적 기업을 위한 교육 솔루션 개발을 전문으로 한다.

03 Growing up, he tried to _____ various sports and activities. 성장하면서, 그는 다양한 스포츠와 활동에 참여하려고 노력했다.

04 Thieves _____ while the family was away. 그 가족이 집에 없는 사이에 도둑들이 침입했다.

05 Do you advise your kids to _____ strangers? 당신은 당신의 아이들에게 낯선 사람을 가까이하지 말라고 조언하나요?

A 01 약속을 지키다 02 ~을 놓치지 않고 따라가다, ~을 계속 파악하다 03 ~을 책임지는, ~을 맡은 04 ~에 반응[대응]하여, ~에 대한 반응으로 05 keep an eye on 06 step in 07 deal in 08 result in
B 01 keep up with 02 specialize in 03 engage in 04 broke in 05 keep away from

break

❶ 부수다, 부서지다
❷ 멈추다, 그만두다, 끊다
❸ 벗어나다, 도망치다
❹ (갑자기) 나오다, 나타나다

---

021 ☐☐ **break down**   1. 고장 나다, 부서지다   2. 나누다, 분해되다

break(부수다, 부서지다) + down(완전히) → ¹ 완전히 부서져 고장 나다 ² 완전히 부서져 분해되다

1. If we could know exactly when to replace a worn part, machinery would break down less often. 〔EBS〕
   우리가 마모된 부품을 언제 교체해야 할지 정확히 알 수 있다면, 기계는 고장이 덜 날 것이다.

2. Our bags are made from materials that break down naturally.
   우리의 가방은 자연적으로 분해되는 물질로 만들어진다.

---

022 ☐☐ **break into**   1. 침입하다   2. 갑자기 ~하기 시작하다   ⊟ burst into

¹ break(부수다) + into(안으로) → 안으로 부수고 들어가다
² break(갑자기 나오다) + into(~한 상태로) → 갑자기 ~한 상태로 나오다

1. He actually managed to break into the palace twice.
   그는 실제로 그 궁전에 두 번이나 침입하는 데 성공했다.

2. We immediately broke into uncontrollable laughter. 〔학평〕
   우리는 즉시 갑자기 걷잡을 수 없이 웃기 시작했다.

➕ break into pieces 산산조각이 나다

---

023 ☐☐ **break through**   1. 뚫고 나아가다, 돌파하다
   2. (장애·어려움 등을) 극복하다   ⊟ overcome, get over

break(부수다) + through(통과하여) → ¹ 부수어 통과하다 ² 장애를 부수어 통과하다

1. Small pieces can break through the wall of a spacecraft. 〔교과서〕
   작은 조각들이 우주선의 벽을 뚫고 나갈 수 있다.

2. The ideas can help you break through any limit.
   그 아이디어들은 여러분이 어떤 한계도 극복하도록 도울 수 있다.

024 □□ break up

1. 부서지다   2. 헤어지다, 관계를 끝내다 **国** split up, separate
3. 해산시키다 **国** scatter, disperse

¹ break(부서지다) + up(완전히) → 완전히 부서지다
² break(끊다) + up(완전히) → 완전히 관계를 끊다
³ break(부수다) + up(완전히) → 완전히 부수어 흐트러뜨리다

1. It shows the ship broke up on the rocks.
   그것은 그 배가 바위에 부딪혀서 부서졌다는 것을 보여 준다.
2. Elephant groups break up and reunite very frequently. **수능**
   코끼리 집단은 매우 자주 헤어지고 재결합한다.
3. A police spokesman said officers had to break up the protest.
   경찰 대변인은 경찰이 그 시위를 해산시켜야 했다고 말했다.

025 □□ break away (from)

1. (~에서) 도망치다 **国** escape (from), get away (from)
2. (~에서) 탈퇴하다, 독립하다

¹ break(도망치다) + away(멀리) → 멀리 도망치다
² break(벗어나다) + away(떨어져) → 떨어져 벗어나다

1. He wanted to break away from a world that was holding him down.
   그는 자신을 억누르고 있는 세상에서 도망치기를 원했다.
2. They wanted to break away from the commonwealth.
   그들은 연방에서 탈퇴하기를 원했다.

026 □□ break out

1. 발생하다, 발발하다 **国** happen, arise
2. 벗어나다, 탈출하다 **国** escape, flee

¹ break(갑자기 나오다) + out(생겨난) → 갑자기 생겨 나오다
² break(벗어나다) + out(밖으로) → 밖으로 벗어나다

1. We'll simulate a fire breaking out while using a gas stove in the kitchen. **EBS**
   우리는 주방에서 가스레인지를 사용하다가 화재가 발생한 것처럼 가장할 것이다.
2. The prisoners managed to break out of jail.
   그 죄수들은 가까스로 교도소에서 탈출했다.

out

❶ 밖에(서), 밖으로
❷ 세상에 드러난, 생겨난
❸ 벗어난, 제외한, 없어진
❹ 완전히, 끝까지

---

027 check out

1. (책 등을) 대출하다 **ⓔ** borrow
2. (호텔 등에서 계산을 하고) 나가다[체크아웃하다]
3. 검사하다, 점검하다 **ⓔ** inspect, investigate

1,2 check(확인하다) + out(밖으로) → 대출이나 계산을 확인하고 밖으로 나가다
3 check(확인하다) + out(완전히) → 완전히 확인해서 점검하다

1. How long can I check out a book for? 제가 얼마 동안 책을 대출할 수 있나요?
2. Would you like to check out now? 지금 체크아웃하시겠어요?
3. You might want to check out the following website. 교과서
   당신은 다음의 웹사이트를 점검하기를 원할지도 모른다.

➕ check in 투숙[탑승] 수속을 밟다

---

028 eat out 　　　　　　　　외식하다

eat(먹다) + out(밖에서) → 집 밖에서 먹다

When we were kids, we used to eat out once a month.
어렸을 때, 우리는 한 달에 한 번 외식하곤 했다.

---

029 get out of 　　　　~에서 나오다, ~에서 벗어나다 **ⓔ** leave

get(도달하다) + out(밖으로) + of(~에서) → ~에서 나와 밖으로 도달하다

The passengers needed to get out of the aircraft as soon as possible.
그 승객들은 가능한 한 빨리 비행기에서 나와야 했다.

---

030 point out 　　　　　　가리키다, 지적하다 **ⓔ** indicate

point(가리키다) + out(드러난) → 가리켜 드러내다

My dad pointed out the problem that I had been ignoring. EBS
나의 아버지는 내가 무시해 왔던 문제를 지적했다.

031 stand out 두드러지다, 눈에 띄다 🔳 stick out

stand(서다) + out(드러난) → 드러나게 서 있어 눈에 띄다

Should I add a target to make it stand out more? EBS
그것을 더 눈에 띄게 하기 위해 제가 과녁 하나를 추가해야 할까요?

032 carry out
1. (약속·의무 등을) 이행하다 🔳 accomplish, complete
2. (실험 등을) 수행하다 🔳 perform, conduct

carry(진행시키다) + out(드러난) → ¹약속을 드러나게 진행시키다 ²실험의 결과가 드러나게 진행시키다

1. They failed to carry out many of the reforms.
그들은 그 개혁 중 많은 것을 이행하지 못했다.
2. B. F. Skinner carried out a series of experiments on rats. 학평
B. F. Skinner는 쥐를 대상으로 일련의 실험을 수행했다.

033 drop out (of) (~에서) 낙오하다, (~에서) 중퇴하다 🔳 quit

drop(탈락하다) + out(벗어난) → 벗어나 탈락하다

Many students of that school drop out and end up living difficult lives. 교과서
그 학교의 많은 학생들이 중퇴하고 결국 어려운 삶을 살게 된다.

034 wear out 1. 닳다, 닳게 하다 2. 지치게 하다 🔳 exhaust

wear(닳다) + out(없어진) → ¹닳아서 없어지다 ²힘을 닳게 하여 없애다

1. The paper will begin to fade or wear out over time. 교과서
그 종이는 시간이 지나면서 바래거나 닳기 시작할 것이다.
2. The intense workout session at the gym completely wore me out.
체육관에서의 격렬한 운동 시간은 나를 완전히 지치게 했다.

035 out of control 통제할 수 없이 🔳 helplessly, recklessly

out(벗어난) + of(~에서) + control(통제) → 통제에서 벗어난

Cancer cells in a body grow out of control until they kill the host. EBS
몸속의 암세포는 숙주를 죽일 때까지 통제할 수 없이 자란다.

➕ under control 통제되는, 지배되는

036 wipe out 없애다, 완전히 파괴하다 = destroy, get rid of

wipe(지우다) + out(없어진) → 지워 없애다

The resulting harm to the brain may wipe out some of those senses. 학평
그로 인한 뇌 손상은 그러한 감각 중 일부를 완전히 파괴할지도 모른다.

037 run out (of) (~이) 바닥나다, (~을) 다 써 버리다 = use up, be out (of)

run(~이 되다) + out(없어진) → 없어지게 되다

Bigger animals that prey on them would soon run out of food. 교과서
그것들을 잡아먹는 더 큰 동물들은 곧 먹이가 바닥날 것이다.

➕ out of stock 재고가 없는, 품절된

038 figure out 이해하다, 알아내다 = understand

figure(생각하다) + out(끝까지) → 끝까지 생각하여 이해하다

The next generation can figure out how to make a better VCR. EBS
그다음 세대는 더 좋은 영상 카세트 녹화기를 만드는 방법을 알아낼 수 있다.

039 sort out 1. 선별하다, 분류하다 = classify, organize
2. 해결하다, 정리하다

¹ sort(구분하다) + out(밖으로) → 밖으로 꺼내어 구분하다
² sort(해결하다) + out(완전히) → 완전히 해결하다

1. I asked her to come over and sort out the papers.
   나는 그녀에게 와서 그 서류를 분류하라고 요청했다.
2. They have devoted their lives to sorting out tough questions about the
   natural world. 수능 그들은 자연 세계에 대한 어려운 질문들을 해결하려고 일생을 바쳐 왔다.

040 fill out (문서에) 기입하다, 작성하다 = complete, fill in

fill(채우다) + out(완전히) → 빈칸을 완전히 채우다

Please fill out and submit the application form by mail. EBS
지원서를 작성해서 우편으로 제출하십시오.

A 영어는 우리말로, 우리말은 영어로 쓰시오.

01 break through _____

02 break out _____

03 carry out _____

04 wear out _____

05 가리키다, 지적하다 _____

06 침입하다, 갑자기 ~하기 시작하다 _____

07 통제할 수 없이 _____

08 ~이 바닥나다, ~을 다 써 버리다 _____

B 다음 문장의 빈칸에 들어갈 표현을 골라 알맞은 형태로 쓰시오.

| break down | break away | get out of |
| stand out | wipe out | figure out |

01 He wants to _____ from his restricted royal life.
그는 자신의 제한된 왕실 생활로부터 도망치기를 원한다.

02 I can't _____ how to solve this math problem.
나는 이 수학 문제를 푸는 방법을 알아낼 수 없다.

03 Imagine there was a campaign to _____ all bacteria.
모든 박테리아를 없애자는 캠페인이 있었다고 상상해 보라.

04 One element _____ as being more important than the rest.
한 가지 요소가 나머지 요소보다 더 중요한 것으로 두드러진다.

05 It must be made of organic materials that _____ naturally.
그것은 자연적으로 분해되는 유기 물질로 만들어져야 한다.

A 01 뚫고 나아가다, 돌파하다, (장애·어려움 등을) 극복하다   02 발생하다, 발발하다, 벗어나다, 탈출하다   03 (약속·의무 등을) 이행하다, (실험 등을) 수행하다   04 닳다, 닳게 하다, 지치게 하다   05 point out   06 break into   07 out of control   08 run out of
B 01 break away   02 figure out   03 wipe out   04 stands out   05 break down

come

❶ 오다, 가다
❷ ~이 되다, ~해지다, ~하게 되다
❸ 생기다, 일어나다

---

041 **come across** 　　우연히 마주치다[발견하다] 🔁 encounter, run across

come(오다, 가다) + across(교차하여) → 오거나 가다가 교차하여 만나다

While surfing the Internet, she came across a review of the concert. 모평
인터넷을 검색하던 동안에, 그녀는 그 콘서트에 관한 평을 우연히 발견했다.

➕ come across as ~라는 인상을 주다

---

042 **come along**
1. 생기다, 나타나다 🔁 turn up, appear
2. 동행하다 🔁 accompany, go with
3. 진척되다, 나아지다 🔁 progress

¹ come(생기다) + along(함께) → 함께 생기다
² come(오다, 가다) + along(함께) → 함께 오고 가다
³ come(가다) + along(~을 따라 앞으로) → ~을 따라 앞으로 가다

1. When photography came along in the 19th century, painting was put in crisis.
사진술이 19세기 나타났을 때, 그림은 위기에 처했다. 수능
2. I want you to come along for the adventure. 나는 당신이 그 모험에 동행하기를 원한다.
3. Her tennis has come along a lot recently. 그녀의 테니스 실력이 최근에 많이 나아졌다.

---

043 **come from**
1. ~ 출신이다 🔁 be from
2. ~의 결과로서 일어나다, ~에서 비롯되다

¹ come(오다) + from(~으로부터) → ~으로부터 오다
² come(생기다) + from(~으로 인해) → ~으로 인해 생기다

1. We all come from totally different cultures. 우리 모두는 완전히 다른 문화 출신이다.
2. His success seems to have come from certain habits and personality traits.
그의 성공은 특정한 습관과 성격적 특성에서 비롯된 것으로 보인다. 교과서

DAY
03

044 come off

1. (~에서) 떨어지다 📕 fall off
2. 성공하다 📕 succeed

¹ come(~이 되다) + off(떨어져서) → 떨어지게 되다
² come(~이 되다) + off(완전히) → 완전하게 되어 성공하다

1. Colors burst back to life once the glasses come off. EBS
   안경이 벗겨지면 색깔은 갑자기 다시 살아난다.
2. They intended to cheat me but the plan didn't come off.
   그들은 나를 속이려고 의도했지만, 그 계획은 성공하지 못했다.

045 come down

1. 무너져 내리다
2. (가격·기온 등이) 감소하다, 떨어지다 📕 decrease, fall

¹ come(오다) + down(아래로) → 무너져 아래로 내려오다
² come(~이 되다) + down(감소하여) → 감소하게 되다

1. The wall of anger that divided them came down. 학평
   그들을 갈라놓았던 분노의 벽이 무너져 내렸다.
2. The interest rates are expected to come down next month.
   이자율은 다음 달에 감소할 것으로 예상된다.

➕ come down to (결국) ~이 되다, ~으로 요약되다, (전통·유산 등이) ~에게 전해지다

046 come true

이루어지다, 실현되다

come(~이 되다) + true(현실) → 현실이 되다

Don't stop dreaming until your dreams come true. 교과서
여러분의 꿈이 이루어질 때까지 꿈꾸는 것을 멈추지 마시오.

047 come about

일어나다, 생기다 📕 happen, occur

come(생기다) + about(주변에) → 주변에 일이 생기다

It's difficult to see how this form of empathy could have come about. EBS
이런 유형의 공감이 어떻게 생겨날 수 있었을지 알기 어렵다.

048 **come to** *do*   ~하게 되다

come(~하게 되다) + to(~까지) → ~까지 하게 되다

Maybe we have just come to hear certain kinds of music as sad. 학평
아마도 우리는 어떤 종류의 음악을 단지 슬퍼서 듣게 되었을지도 모른다.

➕ come to ⓝ (상황이) ~에 이르다   come to an agreement 합의에 이르다
   come to an end 끝나다   come to life 활기를 띠다

---

049 **come up with**   ~을 생각해 내다, ~을 고안하다

come(생기다) + up(나타나서) + with(~에 관해) → ~에 관한 생각이 나타나 생기다

Some innovators have come up with some brilliant ideas to make "going green" easier and simpler. 교과서
일부 혁신가들이 '친환경'을 더 쉽고 더 단순하게 만들기 위해 몇몇 기발한 아이디어를 생각해 냈다.

---

on

❶ 위에, 표면에
❷ 계속해서, 작동하는
❸ (대상) ~에 대해
❹ ~에 의존하여, ~에 근거하여

---

050 **put on**   1. 입다, 착용하다 🟰 wear   2. 바르다 🟰 apply
3. 공연하다 🟰 perform

put(두다) + on(~ 위에) → ¹ 몸 위에 두다 ² 피부 위에 두다 ³ 무대 위에 두다

1. We will leave our boring lives and put on goggles and bodysuits. 수능
   우리는 우리의 지루한 일상을 떠나서 고글과 보디 슈트를 입을 것이다.

2. Don't forget to put on sunscreen to protect your skin from the sun.
   태양으로부터 당신의 피부를 보호하기 위해 자외선 차단제를 바르는 것을 잊지 마세요.

3. A lot of theaters avoid putting on *Macbeth*.
   많은 극장이 *Macbeth*를 공연하는 것을 피한다.

051 □□ **on board**   승선한, 승차한, 탑승한 ≡ aboard

on (~ 위에) + board (갑판) → 갑판 위에 있는

Plane hijackers of the future may not even be on board. 학평
미래의 비행기 납치범들은 심지어 탑승하지 않을 수도 있다.

---

052 □□ **carry on (with)**   (~을) 계속하다 ≡ continue

carry (수행하다) + on (계속해서) → 계속해서 수행하다

Let's carry on with our discussion about the project during tomorrow's meeting.
내일 회의에서 그 프로젝트에 관한 논의를 계속합시다.

---

053 □□ **move on**   (새로운 주제나 다음 단계로) 넘어가다, 옮기다

move (이동하다) + on (계속해서) → 계속해서 다음으로 이동하다

Our actions might not be prepared to move on as quickly as we are. EBS
우리의 행동은 우리만큼 빨리 다음으로 넘어갈 준비가 되어 있지 않을 수도 있다.

➕ move on to ~으로 넘어가다

---

054 □□ **pass on**   전달하다, 넘겨주다

pass (건네주다) + on (계속해서) → 계속해서 건네주다

As one species evolves into another, particular forms of signaling may be
passed on. 학평 하나의 종이 다른 종으로 진화하면서, 특정한 신호 보내기 형식이 전달될 수도 있다.

➕ pass on to ~에게 전달하다

---

055 □□ **turn on**   1. (TV·전기·가스·수도 등을) 켜다 ≡ switch on, activate
　　　　　　　　　　2. ~에 달려 있다, ~을 중심으로 하다 ≡ depend on[upon]

¹ turn (바꾸다) + on (작동하는) → 작동하는 상태로 바꾸다
² turn (바꾸다) + on (~에 의존하여) → ~에 의존하여 바꾸다

1. Let's turn off the lights and turn on the stars! 교과서
전등을 끄고 별을 켭시다!

2. The scenario turns on the outcome of the election.
그 시나리오는 선거의 결과에 달려 있다.

01 02 **03** 04 05 06 07 08 09 10 11 12 13 14 15 16 17 18 19

---

056 reflect on
~을 반성하다, ~을 되돌아보다, ~을 숙고하다
■ look back on

reflect(생각하다) + on(~에 대해) → ~에 대해 곰곰이 생각하다

Introverts would enjoy reflecting on their thoughts. 모평
내성적인 사람들은 자신의 생각을 되돌아보기를 즐긴다.

---

057 insist on
~을 주장하다[고집하다] ■ assert, claim, demand

insist(주장하다) + on(~에 대해) → ~에 대해 강력히 주장하다

Ms. Maples insisted on an objective presentation of factual material. EBS
Maples 씨는 사실에 입각한 자료의 객관적인 제시를 주장했다.

---

058 count on
~을 믿다, ~에 의존하다 ■ rely on, depend on

count(생각하다) + on(~에 의존하여) → ~에 의존하여 생각하다

States are counting on the availability of a large group of workers. EBS
국가는 대규모 노동자 집단의 이용 가능성에 의존하고 있다.

---

059 be based on
~에 근거[기초]하다, ~에 바탕을 두다

be based(기초하다) + on(~에 근거하여) → ~에 근거하여 기초하다

Most importantly, do not forget that creativity is based on knowledge and experience. 교과서
가장 중요하게는, 창의성은 지식과 경험에 근거한다는 것을 잊지 말아라.

---

060 on average
평균적으로, 대체로 ■ overall

on(~에 근거하여) + average(평균) → 평균에 근거하여

There has been on average about a 30% decline in the magnesium content of wheat. 학평
밀의 마그네슘 함량은 평균적으로 약 30퍼센트 감소해 왔다.

Review TEST

A 영어는 우리말로, 우리말은 영어로 쓰시오.

01 come off _____

02 come up with _____

03 reflect on _____

04 be based on _____

05 우연히 마주치다[발견하다] _____

06 일어나다, 생기다 _____

07 ~을 주장하다, ~을 고집하다 _____

08 평균적으로, 대체로 _____

B 다음 문장의 빈칸에 들어갈 표현을 골라 알맞은 형태로 쓰시오.

| come along | come true | carry on |
| on board | move on | count on |

01 You have always been the only one I can _____.
당신은 항상 내가 의지할 수 있는 유일한 사람이었다.

02 Now I don't even know when my dream will _____.
이제 나는 내 꿈이 언제 이루어질지조차도 모른다.

03 I wanted someone to _____ and change the situation.
나는 누군가가 나타나서 그 상황을 바꿔 주기를 원했다.

04 If you _____ working, you can still contribute to your pension.
당신이 일을 계속하면, 당신은 자신의 연금에 계속 기여할 수 있다.

05 If there are no more questions, I'd like to _____ to the next item.
더 이상 질문이 없으시면, 저는 다음 항목으로 넘어가겠습니다.

A 01 (~에서) 떨어지다, 성공하다 02 ~을 생각해 내다, ~을 고안하다 03 ~을 반성하다, ~을 되돌아보다, ~을 숙고하다
04 ~에 근거[기초]하다, ~에 바탕을 두다 05 come across 06 come about 07 insist on 08 on average
B 01 count on 02 come true 03 come along 04 carry on 05 move on

PART I 27

get

❶ 얻다, 가지다
❷ 가다, 이르다, 도달하다
❸ ~이 되다, ~하게 되다

---

061 **get back** 　　1. **돌아오다, 돌아가다** 🔲 return　2. **돌려받다, 되찾다**

¹ get(가다) + back(되돌아) → 되돌아가다
² get(얻다) + back(되돌아) → 되돌려 받다

1. I won't be able to answer your messages until the time I get back home.
   나는 집에 돌아갈 때까지 당신의 메시지에 응답할 수 없을 것이다.

2. There's a good chance you'll be able to get it back.
   당신이 그것을 돌려받을 수 있는 충분한 가능성이 있다.

➕ give back 돌려주다

---

062 **get off** 　　1. **(교통수단에서) 내리다**　2. **떠나다, 출발하다**

¹ get(가다) + off(분리되어) → 교통수단에서 분리되어 가다
² get(가다) + off(멀리) → 멀리 가다

1. To get off the hedonic treadmill, we need to stop focusing on pleasure. `EBS`
   쾌락의 쳇바퀴에서 내리기 위해서 우리는 쾌락에 초점을 맞추는 것을 멈춰야 한다.

2. They decided to get off together on a long-distance journey.
   그들은 함께 장거리 여행을 떠나기로 결심했다.

➕ get off work 퇴근하다　　　　　　　　　get off with (책임·처벌 등) ~에서 벗어나다, ~을 면하다

---

063 **get to *do*** 　　**~하게 되다, ~하기 시작하다**

get(~하게 되다 / 도달하다) + to(~으로 / ~에) → ~으로 하게 되다 / ~에 도달하다

I hope I get to see the northern lights during my trip to Iceland.
아이슬란드로의 여행 동안 나는 북극광을 보게 되길 바란다.

➕ get to ⓝ ~에 도착하다, ~에 이르다　　　　　get to the point 본론으로 들어가다, 핵심을 말하다

DAY
04

064 혼동 **get away (from)** (~에서) 벗어나다, (~에서) 도망치다 ■ escape (from)

get(가다) + away(멀리) → 멀리 가다

They ran, screaming for their mothers, but they could not get away. 교과서
자신들의 어머니를 외치며 달려갔지만, 그들은 도망칠 수 없었다.

065 **get away with** ~에 대해 처벌을 면하다, ~을 그냥 넘어가다

get(~이 되다) + away(멀리) + with(~에 대하여) → ~에 대해 멀어진 상태가 되다

They believe that their status allows them to get away with breaking the law.
그들은 자신들의 지위가 자신들이 법을 어기는 것에 대해 처벌을 면하게 해 줄 것이라고 믿는다.

066 **get over** 1. 극복하다 ■ overcome   2. 회복하다 ■ recover

get(~하게 되다) + over(~을 넘어) → ¹어려움을 넘어서다 ²병을 극복해 넘어서다

1. One of the best ways to get over a stressful situation is to sleep it off.
   스트레스가 많은 상황을 극복하는 가장 좋은 방법 중 하나는 잠을 자서 그것을 없애는 것이다.
2. I seem to get over a cold quite quickly.   나는 꽤 빨리 감기에서 회복하는 것 같다.

067 **get in touch with** ~에게 연락을 취하다, ~와 연락하다[접촉하다]

get(~하게 되다) + in(~의 상태에 있는) + touch(연락) + with(~와) → ~와 연락 상태에 있게 되다

People can get in touch with others who are facing a similar situation. EBS
사람들은 비슷한 상황에 처한 다른 사람들과 접촉할 수 있다.

➕ keep in touch with ~와 연락하고 지내다

068 **get rid of** ~을 없애다, ~을 처리하다 ■ remove, abolish, do away with

get(~하게 되다) + rid(없애다) + of(~을) → ~을 없애다

Why don't we just get rid of all the butterflies, so that there will be no more
eggs or caterpillars? 수능
그냥 나비를 모두 없애서 더 이상의 알이나 애벌레가 생기지 않게 하면 어때요?

069 get through

1. 통과하다, 통과시키다
2. 끝마치다, 완료하다 ▣ finish
3. 이겨내다, 살아남다 ▣ survive

¹ get(~이 되다) + through(통과하여) → 통과하다
²,³ get(가다) + through(끝까지) → 끝까지 가다

1. When everyone was asleep, lions were able to get through the fence. 교과서
   모두가 잠들어 있을 때, 사자들은 울타리를 통과할 수 있었다.
2. How long does it take to get through the course?
   그 과정을 끝마치는 데 얼마나 걸리는가?
3. You can find the strength to get through difficult times.
   당신은 어려운 시기를 이겨낼 힘을 찾을 수 있다.

---

off

❶ 분리되어, 떨어져, 멀리
❷ 감소하여, 없어져
❸ 중단하여, 멈추어
❹ 완전히, 끝까지

---

070 show off

자랑하다, 과시하다 ▣ boast

show(보여 주다) + off(멀리) → 멀리까지 보여 주다

Are you a foreign student who wants to show off your Korean? 학평
당신은 자신의 한국어를 자랑하고 싶은 외국인 학생인가요?

---

071 take off

1. (옷 등을) 벗다 ▣ undress
2. 이륙하다 ▣ depart

take(가져가다) + off(분리되어, 떨어져) → ¹ 몸에서 분리시키다 ² 땅에서 벗어나다

1. They sit on a blanket, take off their shoes, and eat lunch. 교과서
   그들은 담요 위에 앉아 신발을 벗고 점심을 먹는다.
2. The incident took place when the plane was about to take off.
   그 사고는 비행기가 막 이륙하려 할 때 발생했다.

➕ put on (옷 등을) 입다   land 착륙하다

DAY
04

072
□□ **peel off**   (껍질 등을) 벗기다, (표면이) 벗겨지다

peel(껍질을 벗기다) + off(분리되어) → 껍질을 분리해 벗기다

After peeling off the shells of the eggs, she noted that the inside of the eggs became firm. 교과서
달걀 껍데기를 벗긴 후에, 그녀는 달걀의 내부가 단단해진 것을 알아차렸다.

073
□□ **set off**   1. 출발하다 🔁 leave
                   2. ~을 유발하다 🔁 give rise to, bring about

¹ set(출발하다) + off(멀리) → 멀리 가기 위해 출발하다
² set(~이 되게 하다) + off(떨어져) → 떨어뜨려 유발되게 하다

1. We met at the store with identical lists and set off to compare results. EBS
   우리는 같은 목록을 가지고 그 가게에서 만나 결과를 비교하기 위해 출발했다.

2. The incident set off a series of protests.
   그 사고는 일련의 시위를 유발했다.

074
□□ **cool off**   식다, 식히다

cool(차갑게 하다) + off(감소하여) → 더위나 열기가 감소하다

We can jump in the pool and cool off whenever we want. EBS
우리는 우리가 원할 때마다 수영장에 뛰어들어 더위를 식힐 수 있다.

075
□□ **fall off**   1. (~에서) 떨어지다, 넘어지다
                    2. 줄어들다, 쇠퇴하다 🔁 decline, decrease, drop off

¹ fall(떨어지다) + off(분리되어) → 분리되어 떨어지다
² fall(떨어지다) + off(감소하여) → 감소하여 떨어지다

1. People feared that if they traveled too far they might fall off the edge of the earth. 학평
   사람들은 만약 자신들이 너무 멀리 가면, 지구의 가장자리에서 떨어질까 봐 두려워했다.

2. Recently, the demand for that product has fallen off considerably.
   최근에 그 제품에 대한 수요가 상당히 줄어들었다.

076 □□ drop off

1. ~을 갖다주다, (차에서) ~을 내려 주다
2. 줄어들다 ▤ decline, decrease, fall off

¹ drop(내려놓다) + off(멀리) → 멀리 내려놓다
² drop(떨어지다) + off(감소하여) → 감소하여 떨어지다

1. Paul drove around with a backseat full of old clothes to drop off at a local charity. EBS
   Paul은 지역 자선 단체에 갖다줄 헌 옷들을 뒷좌석에 가득 실은 채 차를 몰았다.
2. Traffic has dropped off since the bypass opened.
   우회로가 개통된 이후 교통량이 줄어들었다.

077 □□ lay off

해고하다

lay(두다) + off(중단하여) → 일을 중단하게 두다

Retraining current employees will greatly reduce their fear of being laid off. 수능
현재 직원들을 재훈련하는 것이 해고되는 것에 대한 그들의 두려움을 크게 줄일 것이다.

078 □□ off duty

근무 중이 아닌, 비번인

off(멈추어) + duty(근무) → 근무를 멈추어 있는

I'm off duty today and the weather's perfect for spending time outside. EBS
나는 오늘 비번이고, 날씨는 밖에서 시간을 보내기에 완벽하다.

➕ on duty 근무 중인

079 □□ shut off

멈추다, 차단하다, 끄다

shut(닫다) + off(중단하여) → 닫아 멈추게 하다

For safety reasons, the city shut off electricity during the storm.
안전상의 이유로, 그 도시는 폭풍이 치는 동안 전기를 차단했다.

080 □□ take time off

휴식을 취하다, 휴가를 내다 ▤ take a vacation

take(갖다) + time(시간) + off(멈추어) → 일을 멈추고 휴식 시간을 갖다

They primarily take time off to attend to sick children. EBS
그들은 주로 아픈 아이들을 돌보기 위해 휴가를 낸다.

A 영어는 우리말로, 우리말은 영어로 쓰시오.

01 get away from   _____

02 get in touch with   _____

03 cool off   _____

04 take time off   _____

05 극복하다, 회복하다   _____

06 (옷 등을) 벗다, 이륙하다   _____

07 근무 중이 아닌, 비번인   _____

08 멈추다, 차단하다, 끄다   _____

B 다음 문장의 빈칸에 들어갈 표현을 골라 알맞은 형태로 쓰시오.

get back	get away with	get rid of
set off	show off	lay off

01 There are no guarantees that you can _____ it.
당신이 그것에 대해 처벌을 면할 수 있다는 보장이 없다.

02 We need to _____ that attitude and start focusing on the task.
우리는 그런 태도를 없애고 그 업무에 집중하기 시작해야 한다.

03 Let's _____ to the question you have both spoken to us about.
두 분께서 저희에게 말씀해 주신 질문으로 돌아가 보겠습니다.

04 Suppose that the management wishes to _____ half of the workers. 경영진이 근로자의 절반을 해고하고자 한다고 가정해 보자.

05 Students can _____ how well they can learn from the interaction.
학생들은 상호 작용을 통해 자신들이 얼마나 잘 배울 수 있는지를 자랑할 수 있다.

A   **01** ~에서 벗어나다, ~에서 도망치다   **02** ~에게 연락을 취하다, ~와 연락하다[접촉하다]   **03** 식다, 식히다   **04** 휴식을 취하다, 휴가를 내다   **05** get over   **06** take off   **07** off duty   **08** shut off
B   **01** get away with   **02** get rid of   **03** get back   **04** lay off   **05** show off

give

❶ 주다, 제공하다
❷ 넘겨주다
❸ 생기게 하다, 일으키다

---

081 □□ **give back** (되)돌려주다

give(주다) + back(되돌려) → 되돌려주다

Be careful of friends who are always eager to take from you but reluctant to give back. 학평
항상 여러분에게서 얻어가려고 열망하면서 돌려주기를 꺼리는 친구를 조심하라.

---

082 □□ **give ~ a hand** ~에게 도움을 주다

give(주다) + a hand(손) → 손을 내줘서 돕다

I can give you a hand with your studying. EBS
나는 당신에게 당신의 공부에 도움을 줄 수 있다.

➕ give a big hand 박수갈채를 보내다

---

083 □□ **give away** 거저 주다, 기부하다

give(주다) + away(없어져) → 나누어주어 없어지다

Humans were unwilling to sell or give away their animals. EBS
인간은 자신의 동물을 팔거나 거저 주는 것을 꺼렸다.

---

084 □□ **give up (on)** (~을) 포기하다, (~을) 그만두다 ▤ stop, abandon

give(넘겨주다) + up(완전히) → 완전히 넘겨주다

The tired farmer did not want to give up on the search for his watch. 학평
그 지친 농부는 자신의 시계를 찾는 것을 포기하고 싶지 않았다.

085 give out

1. 나누어 주다 ≒ hand out
2. (빛·소리 등을) 내다, 발하다, 발산하다 ≒ emit, give off

¹ give(주다) + out(밖으로) → 밖으로 나누어 주다
² give(생기게 하다) + out(밖으로) → 밖으로 빛 등을 생기게 하다

1. Almost all the employees refused to give out anything. **EBS**
   거의 모든 직원들이 어떤 것도 나누어 주기를 거부했다.

2. They often give out a hissing sound as a warning sign before striking.
   그들은 종종 공격하기 전에 경고 신호로 쉭쉭 소리를 낸다.

086 give in (to)

(~에) 굴복하다, (~을) 마지못해 받아들이다
≒ yield[submit] (to)

give(넘겨주다) + in(안으로) → 안으로 받아들이고 넘겨주다

The protesters did not give in to threats from the government.
시위대는 정부의 위협에 굴복하지 않았다.

087 give off

(증기·빛·냄새 등을) 발산하다, 방출하다 ≒ emit, give out

give(생기게 하다) + out(멀리) → 멀리 증기 등을 생기게 하다

Healthy and unhealthy plants give off different amounts of heat. **교과서**
건강한 식물과 건강하지 못한 식물은 다른 양의 열을 발산한다.

088 give birth to

1. ~을 낳다 ≒ bear
2. ~을 생겨나게 하다 ≒ originate, initiate

¹ give(일으키다) + birth(탄생) + to(~에게) → ~에게 탄생을 일으키다
² give(일으키다) + birth(발생) + to(~에) → ~에 발생을 일으키다

1. Sugar and Spice had each given birth to a litter of five kittens. **EBS**
   Sugar와 Spice는 각각 다섯 마리의 새끼 고양이를 낳았다.

2. Your success will give birth to prosperity of this entire world.
   여러분의 성공은 전 세계의 번영을 생겨나게 할 것이다.

up

❶ 위로, 똑바로
❷ 올라가, 높여, 상승하여
❸ 나타나
❹ 닿아, 도달하여
❺ 완전히, 끝까지

---

089 **stay up**   자지 않고 일어나 있다, 깨어 있다

stay(~한 채로 있다) + up(똑바로) → 똑바로 일어난 채로 있다

Adi decided to stay up until Raman fell asleep. ▪EBS▪
Adi는 Raman이 잠들 때까지 깨어 있기로 결심했다.

➕ stay up late 늦게까지 깨어 있다   stay up all night 밤을 새우다

---

090 **look up to**   ~을 존경하다 ▪ respect, admire

look(보다) + up(위로) + to(~을 향해) → ~을 향해 올려보다

Trysdale always adored him and looked up to him. ▪교과서▪
Trysdale은 항상 그를 사모했고 존경했다.

➕ look down on ~을 경시하다

---

091 **pick up**   1. 집다, 줍다, 들어올리다   2. (차에) 태우다 ▪ give ~ a ride
                 3. (맡긴 것을) 찾다, 찾아오다
                 4. (정보를) 알게 되다, (습관·재주 등을) 익히다 ▪ learn

pick(집다) + up(위로) → 1,2,3 위로 집어 올리다 4 정보 등을 집어 올려 머릿속에 넣다

1. There isn't a way for us to pick up smaller pieces of debris. ▪학평▪
   우리가 더 작은 잔해물을 집어 올릴 방법은 없다.

2. The streetcar is stopped to pick up or discharge passengers.
   전차가 승객을 태우거나 내리기 위해 정차한다.

3. I think we need to pick up the banner. ▪EBS▪
   나는 우리가 현수막을 찾아와야 한다고 생각한다.

4. Some kids are able to pick up my instructions quickly and easily. ▪EBS▪
   일부 아이들은 나의 가르침을 빠르고 쉽게 익힐 수 있다.

➕ pick oneself up 일어서다, 회복하다

092 build up

1. 쌓다, 쌓아 올리다 ▣ accumulate
2. 강화하다, 증진시키다 ▣ enhance, increase, boost

build(쌓다) + up(위로) → ¹위로 쌓다 ²위로 쌓아 더 높이다

1. The company's commitment to customer satisfaction helped them build up a good reputation in the market.
   고객 만족에 대한 회사의 헌신은 그들이 시장에서 좋은 평판을 쌓는 데 도움이 되었다.
2. The clouds expand and the winds begin to build up speed, becoming a "tropical storm." 교과서
   구름이 확장되고 바람이 속도를 올리기 시작하면서 '열대성 태풍'이 된다.

---

093 speak up

큰 소리로 말하다

speak(말하다) + up(높여) → 목소리를 높여 말하다

We understand that there are times when we must speak up.
우리는 큰 소리로 말해야 할 때가 있다는 것을 이해한다.

---

094 speed up

속도를 높이다 ▣ accelerate

speed(속도를 내다) + up(높여) → 속도를 높이다

In 1901, he had an idea to speed up the manufacturing process. 학평
1901년에 그는 생산 과정의 속도를 높이는 아이디어를 냈다.

---

095 spring up

갑자기 생겨나다

spring(갑자기 뛰어오르다) + up(나타나) → 갑자기 뛰어올라 나타나다

New institutions that capitalized on the new format sprang up. EBS
그 새로운 형식을 활용한 새로운 기관들이 갑자기 생겨났다.

---

096 show up

나타나다 ▣ appear

show(보이다) + up(나타나) → 나타나 사람들에게 보이다

When he showed up at school, he didn't seem to know what the day would be like. 교과서
그가 학교에 나타났을 때, 그는 그 하루가 어떨지 모르는 듯했다.

097 up to

1. ~까지
2. ~에 달려 있는

¹ up(도달하여)+to(~에) → ~에 도달할 때까지
² up(닿은)+to(~에) → ~에 결정권이 닿아 있는

1. Online reservations can be made up to one year in advance. `EBS`
   1년 전까지 미리 온라인 예약을 할 수 있다.
2. It is up to us to develop what we have been given. `EBS`
   우리에게 주어진 것을 개발하는 것은 우리에게 달려 있다.

098 end up -ing

결국 ~하게 되다

end(끝나다)+up(도달하여) → 결국 도달하여 끝나다

His contagious laughter ended up making the kids laugh a lot. `학평`
그의 전염성 있는 웃음은 결국 아이들을 많이 웃게 만들었다.

099 sign up (for)

(~에) 등록하다, (~을) 신청하다 ▣ register (for)

sign(서명하다)+up(완전히) → 신청서를 완전히 서명하다

We'll give you step-by-step instructions on how to sign up for classes.
저희가 당신에게 수업에 등록하는 방법에 대한 단계별 지침을 알려 드리겠습니다.

100 dry up

고갈되다, 줄어들다

dry(마르다)+up(완전히) → 완전히 말라 없어지다

Tax revenues would dry up and investment would lag. `EBS`
조세 수입이 고갈될 것이고 투자가 지체될 것이다.

Review TEST

A 영어는 우리말로, 우리말은 영어로 쓰시오.

01 give ~ a hand
_____

02 give in to
_____

03 build up
_____

04 spring up
_____

05 거저 주다, 기부하다
_____

06 ~을 존경하다
_____

07 ~까지, ~에 달려 있는
_____

08 고갈되다, 줄어들다
_____

B 다음 문장의 빈칸에 들어갈 표현을 골라 알맞은 형태로 쓰시오.

| give off | give birth to | stay up |
| speed up | show up | sign up |

01 Some foods can help _____ the recovery process.
일부 음식은 회복 과정의 속도를 높이는 데 도움이 될 수 있다.

02 Some insects _____ a pleasant smell to soothe the ant's senses.
어떤 곤충은 개미의 감각을 진정시키기 위해 기분 좋은 냄새를 발산한다.

03 An employee failed to _____ for work for a total of 16 days.
어떤 직원은 총 16일 동안 직장에 나타나지 못했다.

04 Anyone is able to _____ and complete the voluntary online training. 누구나 자발적 온라인 교육에 등록하고 이수할 수 있다.

05 We believe that positive thoughts _____ our good values and beliefs. 우리는 긍정적인 생각이 우리의 좋은 가치관과 신념을 낳는다고 믿는다.

A 01 ~에게 도움을 주다　02 ~에 굴복하다, ~을 마지못해 받아들이다　03 쌓다, 쌓아 올리다, 강화하다, 증진시키다
04 갑자기 생겨나다　05 give away　06 look up to　07 up to　08 dry up
B 01 speed up　02 give off　03 show up　04 sign up　05 give birth to

go

❶ 가다, 나아가다, 지나가다
❷ 진행되다, 진전되다
❸ ~이 되다, ~하게 되다

---

101 go by

(시간이) 지나다, (곁을) 지나가다

go(가다) + by(곁을 지나) → 곁을 지나가다

The pagoda suffered from wind, rain, and so on as time went by. 교과서
그 탑은 시간이 지나면서 바람과 비, 기타 등등으로부터 고통받았다.

---

102 go around

1. **방문하다, 들르다**
2. **(병·소문 등이) 퍼지다, 만연하다** 🅴 spread

¹ go(가다) + around(근처에) → 근처에 가다
² go(가다) + around(여기저기에) → 여기저기에 퍼지다

1. They decided to go around different schools to promote the community project. 그들은 그 지역 사회 프로젝트를 홍보하기 위해 서로 다른 학교들을 방문하기로 결정했다.
2. It's that time of the year when the flu and colds go around.
지금이 독감과 감기가 퍼지는 연중 그 시기이다.

---

103 go through

1. **(어려움·절차 등을) 겪다, 거치다, 경험하다**
🅴 undergo, experience
2. **살펴보다, 검토하다** 🅴 go over

¹ go(가다) + through(통과하여) → 고생이나 절차를 통과하여 가다
² go(가다) + through(끝까지) → 끝까지 살피며 가다

1. People basically go through the same decision-making process. 교과서
사람들은 기본적으로는 동일한 의사 결정 과정을 거친다.
2. We go through the arguments and build a message from each of them.
우리는 그 주장들을 살펴보고 그것들 각각으로 메시지를 작성한다.

➕ go through with ~을 실행하다, ~을 완수하다

DAY
06

104 go back (to)

(~으로) 되돌아가다, (~으로) 거슬러 올라가다

go(가다) + back(뒤로) → 뒤로 돌아가다

They gladly agreed and went back to the house to get ready. 학평
그들은 기꺼이 동의했고 준비를 위해 집으로 되돌아갔다.

105 go away

1. 떠나가다 = leave
2. 없어지다, 사라지다 = disappear, fade away

¹ go(가다) + away(멀리) → 멀리 가다
² go(~하게 되다) + away(사라져) → 사라지게 되다

1. We could go away whenever and wherever we wanted.
   우리는 언제 어디서든 원하면 떠나갈 수 있었다.
2. Once the counseling session began, her concerns went away. EBS
   상담 시간이 시작되자, 그녀의 걱정은 사라졌다.

106 go wrong

잘못되다

go(진행되다) + wrong(잘못된) → 잘못 진행되다

Customers would bring things back if something went wrong. 수능
고객들은 무언가가 잘못되면 물건을 다시 가져오곤 했다.

107 go on

1. 계속하다, 계속되다 = continue
2. 발생하다, 일어나다 = happen, occur

¹ go(진행되다) + on(계속해서) → 계속해서 진행되다
² go(~하게 되다) + on(발생하는) → 발생하게 되다

1. The teacher encouraged me to go on exploring different subjects.
   그 선생님은 내가 다른 주제들을 계속 탐구하도록 독려했다.
2. Doesn't it look like there's something going on between them?
   그들 사이에 무슨 일이 일어나고 있는 것처럼 보이지 않나요?

➕ go on a picnic 소풍을 가다   go on a diet 식이 요법을 하다

---

108 **go off** (알람이) 울리다, (폭탄이) 폭발하다 ⨀ set off

go(~이 되다) + off(멀리, 떨어져) → 멀리까지 퍼지다, 떨어져 발사되다

Alarm bells should go off in the minds of all right-thinking people. `EBS`
모든 올바른 사고를 하는 사람들의 마음속에 경종이 울려야 한다.

➕ go off well 잘 진행되다

---

109 **go beyond** ~을 넘어서다, ~을 능가하다 ⨀ exceed, surpass

go(~하게 되다) + beyond(~을 넘어) → ~을 넘어서게 되다

The consumer communities go beyond national boundaries. `모평`
소비자 공동체는 국가 경계를 넘어선다.

---

110 **go well with** ~와 잘 어울리다 ⨀ match

go(~하게 되다) + well(잘) + with(~와 함께) → ~와 함께 잘 지내게 되다

I felt green did not go well with my skin tone. `교과서`
나는 녹색이 내 피부색과 잘 어울리지 않는다고 느꼈다.

---

down

❶ 아래로
❷ 낮아져, 감소하여, 약해져
❸ 정지하여, 고정되어
❹ 완전히, 철저히

---

111 **pass down** 물려주다, 전해 주다 ⨀ hand down

pass(건네주다) + down(아래로) → 아래로 건네주다

We must preserve nature and then pass it down to our descendants.
우리는 자연을 보존하여 우리 후손에게 그것을 물려주어야 한다.

DAY
06

112 let down
실망시키다 🔲 disappoint

let(가게 하다) + down(아래로) → 아래로 가게 하다

A trusts B because B has never let him down — but he might. **EBS**
A는 B가 자신을 실망시킨 적이 없어서 B를 신뢰하지만, 그는 실망할 수도 있다.

113 look down on
~을 경시[무시]하다, ~을 업신여기다

look(보다) + down(아래로) + on(~에 대해) → ~에 대해 자신보다 아래로 보다

They get pounded out by norms that look down on "frivolity." **수능**
그들은 '경박함'을 경시하는 규범으로 계속 두들겨 맞는다.

➕ look up to ~을 존경하다

114 slow down
(속도를) 늦추다, 더디게 하다

slow(천천히 가다) + down(감소하여) → 속도를 감소하여 천천히 가다

Why do we find it so difficult to slow down? **EBS**
우리는 속도를 늦추는 것이 왜 그렇게 어렵다고 생각하는가?

115 cut down on
~을 줄이다, ~을 절감하다 🔲 cut back on, reduce, lessen

cut(줄이다) + down(감소하여) + on(~에 대해) → ~에 대해 감소하도록 줄이다

The change may be to cut down on consumption or alter lifestyles. **수능**
그 변화는 소비를 줄이거나 생활 양식을 바꾸는 것일 수도 있다.

➕ cut down (나무를) 베어 쓰러뜨리다

116 narrow down (to)
(~으로) 좁히다, (~으로) 줄이다

narrow(좁히다) + down(감소하여) → 줄여서 좁히다

The researcher wants to narrow down the search for a specific person.
그 연구원은 특정 사람에 대한 검색 범위를 좁히기를 원한다.

117 calm down

진정하다, 진정시키다 🔁 relax, settle down, cool down

calm(가라앉다) + down(약해져) → 약해져 가라앉다

The angrier I became, the more I needed to calm myself down. 교과서
내가 화가 날수록, 나는 더욱 내 자신을 진정시킬 필요가 있었다.

118 settle down

1. 정착하다
2. 진정되다 🔁 calm down, cool down

¹ settle(자리잡다) + down(고정되어) → 고정되어 자리잡다
² settle(가라앉다) + down(약해져) → 약해져 가라앉다

1. He had too many things to do to settle down there. EBS
   그는 그곳에 정착하기 위해 할 일이 너무 많았다.
2. I had to run out of the concert hall to settle down. 수능
   나는 마음이 진정되도록 콘서트홀 밖으로 뛰쳐나가야 했다.

119 shut down

1. (가게·공장 등을) 폐점하다, 폐쇄하다 🔁 close down
2. (기계가) 멈추다, (기계를) 정지시키다

¹ shut(닫다) + down(완전히) → 완전히 문을 닫다
² shut(닫다) + down(정지하여) → 정지하여 닫아 멈추게 하다

1. The hardware store shut down after the owner died.
   그 철물점은 주인이 사망한 후 폐점했다.
2. We have snow days, when everything shuts down because of the weather.
   우리에게는 폭설로 인한 휴일이 있는데, 그때는 날씨 때문에 모든 것이 멈춘다. EBS

120 wear down

닳아 없어지게 하다, 약화시키다

wear(닳게 하다) + down(완전히) → 완전히 닳게 하다

The long and intense training sessions began to wear down the athlete's physical strength.
길고 강도 높은 훈련은 그 선수의 체력을 약화시키기 시작했다.

A 영어는 우리말로, 우리말은 영어로 쓰시오.

01 go through _____

02 go off _____

03 look down on _____

04 wear down _____

05 ~을 넘어서다, ~을 능가하다 _____

06 물려주다, 전해 주다 _____

07 진정하다, 진정시키다 _____

08 정착하다, 진정되다 _____

B 다음 문장의 빈칸에 들어갈 표현을 골라 알맞은 형태로 쓰시오.

| go around | go away | go well with |
| cut down on | narrow down to | slow down |

01 We are all responsible for the crisis that won't _____.
우리는 모두 사라지지 않을 위기에 대한 책임이 있다.

02 There are warning signposts telling motorists to _____.
운전자에게 속도를 줄이라고 알리는 경고 표지판이 있다.

03 You can always go for neutral colors that _____ anything.
여러분은 어디에나 잘 어울리는 중간색을 언제나 선택할 수 있다.

04 Optimizing your kitchen layout is a way to _____ your energy usage.
부엌의 배치를 최적화하는 것은 에너지 사용량을 줄일 한 가지 방법이다.

05 Once you can _____ one of these, it will help your menu choices.
이것들 중 한 가지로 범위를 좁히면, 그것이 당신의 메뉴 선택을 도울 것이다.

A 01 (어려움·절차 등을) 겪다, 거치다, 경험하다, 살펴보다, 검토하다 02 (알람이) 울리다, (폭탄이) 폭발하다 03 ~을 경시[무시]하다, ~을 업신여기다 04 닳아 없어지게 하다, 약화시키다 05 go beyond 06 pass down 07 calm down 08 settle down
B 01 go away 02 slow down 03 go well with 04 cut down on 05 narrow down to

look

❶ 보다
❷ 향하다
❸ 찾다

---

121 **look after**   돌보다, 보살피다 ▣ care for, take care of

look(보다) + after(뒤를 따라) → 뒤를 따라다니며 지켜보다

While attending middle school, Kenneth often looked after his grandfather.
중학교에 다니는 동안 Kenneth는 종종 자신의 할아버지를 돌봐 드렸다. 〔교과서〕

---

122 **look over**   훑어보다, 살펴보다

look(보다) + over(전체에 걸쳐) → 전체에 걸쳐 보다

A group of colleagues look over a report at a conference table.
한 그룹의 동료들이 회의 테이블에서 보고서를 살펴본다.

---

123 **look back (on)**   (~을) 되돌아보다, (~을) 회상하다 ▣ recall, reflect (on)

look(보다) + back(뒤로) → 되돌아보다

Streisand looked back on its coverage of the 2003 incident. 〔EBS〕
Streisand는 2003년 사건에 대한 보도를 되돌아보았다.

---

124 **look forward to -*ing***   ~을 고대[기대]하다

look(보다) + forward(앞으로) + to(~을 향해) → ~을 향해 앞으로 내밀어 보다

We look forward to receiving a positive reply. 〔학평〕
우리는 긍정적인 답변을 받을 수 있기를 기대한다.

125 look around　　둘러보다, 구경하다

look(보다) + around(주변) → 주변을 둘러보다

Everyone was looking around in the crowd when an old man stood up. 학평
모두가 군중 속에서 둘러보고 있을 때 한 노인이 일어섰다.

➕ look around for　~을 찾아다니다

126 look through　　(재빨리) 살펴보다 ▤ browse

look(보다) + through(끝까지) → 끝까지 빠르게 보다

She decided to look through the book and read the story. EBS
그녀는 그 책을 살펴보고 그 이야기를 읽기로 결정했다.

127 look into　　조사하다, 연구하다 ▤ examine, investigate

혼동

look(보다) + into(안으로) → 안으로 들여다보다

Let's look into what other travelers do to make their travel memories last longer. 교과서
다른 여행자들이 그들의 여행의 추억을 더 오래 간직하기 위해 무엇을 하는지 조사하자.

128 look to　　~에 기대하다, ~에 의지하다 ▤ expect, turn to, depend on

look(향하다) + to(~을) → ~을 향해 의지하다

To foster cooperative success among humans, we should perhaps look to nature for inspiration. 교과서
사람들 사이에서 협력적 성공을 증진시키기 위해서, 우리는 아마도 자연에게 영감을 의지해야 한다.

➕ look to A for B　A에게 B를 기대하다[의지하다]

---

129 look for 　　찾다, 구하다 🖪 seek

□□

look(찾다) + for(~을) → ~을 찾다

We will start looking for analogies to current events in movies. **EBS**
우리는 영화 속에서 시사 문제와의 유사점을 찾기 시작할 것이다.

---

from

❶ (근원) ~으로부터, ~에서
❷ ~하지 못하도록
❸ (원인) ~으로 인해
❹ (구별) ~와

---

130 hear from 　　~으로부터 연락을 받다

□□

hear(듣다) + from(~으로부터) → ~으로부터 소식을 듣다

I've enclosed an application form, and I hope to hear from you soon. **EBS**
제가 신청 양식을 동봉해 드렸으며 귀하로부터 곧 연락 받기를 기대합니다.

➕ hear of ~에 대한 소식을 듣다

---

131 stem from 　　~에서 생겨나다, ~에서 유래하다 🖪 originate in, arise from

□□

stem(기인하다) + from(~에서) → ~에서 기인하다

The prejudice stems largely from ignorance and fear.
편견은 주로 무지와 두려움에서 생겨난다.

---

132 be derived from 　　~에서 유래하다, ~에서 파생되다

□□ 　　🖪 derive[come/stem/arise] from

be derived(유래하다) + from(~에서) → ~에서 유래하다

The origin of the word *stadium* is derived from the Greek word *stadion*. **EBS**
*stadium*이라는 단어의 기원은 그리스어 단어 *stadion*에서 유래하였다.

DAY 07

133 range from A to B　(범위가) A에서 B까지 이르다

range(범위가 이르다) + from A(A에서) + to B(B까지) → 범위가 A에서 B까지 이르다

On the Fahrenheit scale, the temperature will range from 94 degrees to 108 degrees.
화씨 기준으로 온도의 범위가 94도에서 108도까지 이를 것이다.

134 prevent A from -ing　A가 ~하는 것을 막다　■ stop[keep] A from -ing

prevent(막다) + A + from -ing(~하지 못하도록) → A가 ~하지 못하도록 막다

We always take precautions to prevent emergencies from arising. 학평
우리는 긴급한 상황이 생기는 것을 막기 위해 항상 예방 조치를 한다.

135 result from　~의 결과이다[~이 원인이다], ~에서 기인하다　■ come from

result(결과로 생기다) + from(~으로 인해) → ~으로 인한 결과로 생기다

Beriberi is a complex illness that results from a lack of thiamine. EBS
각기병은 티아민 부족에서 기인하는 복합 질환이다.

➕ result in ~의 결과를 가져오다

136 suffer from　~으로 고통받다, ~에 시달리다

suffer(고통받다) + from(~으로 인해) → ~으로 인해 고통받다

A couple of decades ago, Medellin was suffering from violence and poverty.
이삼십 년 전, Medellin은 폭력과 빈곤에 시달리고 있었다. 교과서

---

137 **die from**   ~으로 죽다

die(죽다) + from(~으로 인해) → ~으로 인해 죽다

During the war, many soldiers died from injuries sustained in battle.
전쟁 중에 많은 군인들이 전투에서 입은 부상으로 사망했다.

➕ die of ~으로 죽다

---

138 **tell A from B**   A와 B를 구별하다 🔁 distinguish A from B

tell(구별하다) + from(~와) → ~와 구별하다

One way to tell a male frog from a female frog is by looking at its ears.
수컷 개구리와 암컷 개구리를 구별하는 한 가지 방법은 그것의 귀를 보는 것이다.

---

139 **differ from**   ~와 다르다 🔁 be different from

differ(다르다) + from(~와) → ~와 다르다

Individual human beings differ from one another physically. 학평
각각의 인간은 신체적으로 서로 다르다.

---

140 **apart from**
     1. ~을 제외하고 🔁 except for
     2. ~ 이외에도, ~뿐만 아니라 🔁 besides, in addition to

apart(떨어져) + from(~와) → ¹ ~와 떨어뜨린 ² ~와 떨어져 있는 것을 포함하여

1. Apart from the last question, I was able to answer all the questions.
마지막 문제를 제외하고, 나는 모든 문제에 답할 수 있었다.

2. Apart from programming languages, computer science majors learn about cyber security and apps. EBS
프로그래밍 언어 외에도 컴퓨터 과학 전공자는 사이버 안전과 앱에 관해 배운다.

Review TEST

A 영어는 우리말로, 우리말은 영어로 쓰시오.

01 look over _____

02 range from A to B _____

03 result from _____

04 apart from _____

05 ~을 되돌아보다, ~을 회상하다 _____

06 ~에 기대하다, ~에 의지하다 _____

07 ~으로부터 연락을 받다 _____

08 A와 B를 구별하다 _____

B 다음 문장의 빈칸에 들어갈 표현을 골라 알맞은 형태로 쓰시오.

look into	look through	look for
be derived from	suffer from	differ from

01 Many immigrants _____ social and health problems.

많은 이민자가 사회 및 건강 문제로 고통받는다.

02 That is the reason why I have decided to _____ a job abroad.

그것이 내가 해외에서 일자리를 찾기로 결정한 이유이다.

03 The chemical symbol of an element can _____ its name.

원소의 화학 기호는 그것의 이름에서 유래될 수 있다.

04 It's always so fun to sit and _____ the pictures on my phone.

앉아서 내 전화기의 사진을 살펴보는 것은 언제나 즐거운 일이다.

05 He promised to _____ the matter of fuel emissions and air

pollution. 그는 연료 배출과 대기 오염 문제를 조사하겠다고 약속했다.

A 01 훑어보다, 살펴보다 02 (범위가) A에서 B까지 이르다 03 ~의 결과이다[~이 원인이다], ~에서 기인하다 04 ~을 제외
하고, ~ 이외에도, ~뿐만 아니라 05 look back on 06 look to 07 hear from 08 tell A from B
B 01 suffer from 02 look for 03 be derived from 04 look through 05 look into

take

❶ 얻다, 차지하다, 가지다
❷ 받다, 받아들이다, 먹다
❸ 취하다, 사용하다
❹ 가져가다

---

141 take up

1. **(시간·장소 등을) 차지하다** ▣ occupy
2. **시작하다**

¹ take(차지하다) + up(완전히) → 완전히 차지하다
² take(받아들이다) + up(완전히) → 완전히 받아들여 시작하다

1. Irrelevant elements take up valuable time and disturb comprehension. `EBS`
   관련 없는 요소는 귀중한 시간을 차지하고 이해를 방해한다.
2. He now wishes to take up a new career challenge.
   그는 이제 새로운 경력 도전을 시작하고자 한다.

---

142 take place

개최되다, 일어나다 ▣ happen, occur

take(차지하다) + place(장소) → 장소를 차지하여 일을 벌이다

When an important change takes place in your life, observe your response.
당신의 삶에 중요한 변화가 일어날 때, 자신의 반응을 관찰하라. `학평`

---

143 take part in

~에 참여하다 ▣ participate in, engage in

take(얻다) + part(일원) + in(가담하여) → ~에 가담하여 일원이 되다

Many participants take part in recreation as a form of relaxation. `학평`
많은 참여자가 휴식의 형태로 레크리에이션에 참여한다.

---

144 take turns

돌아가며 하다, 교대로 하다

take(가지다) + turns(차례) → 차례를 가지고 하다

The students took turns mixing all the ingredients with big spoons. `교과서`
학생들은 돌아가며 큰 숟가락으로 모든 재료를 섞었다.

DAY
08

145 take ~ for granted　～을 당연히 여기다

take(받아들이다) + for(～으로서) + granted(인정된) → 인정된 것으로 받아들이다

Many of us take it for granted that only humans farm food. 교과서
우리 중 많은 이들은 오직 사람만이 식량을 경작하는 것을 당연히 여긴다.

➕ take it for granted that ～을 당연히 여기다

146 take on
1. (책임·일 등을) 떠맡다 ➡ undertake
2. (태도·성질 등을) 띠다

¹ take(받아들이다) + on(～을) → 책임에 대해 받아들이다
² take(가지다) + on(～을) → 성질을 가지다

1. They want to take on new responsibilities and challenges.
그들은 새로운 책임과 도전을 떠맡기를 원한다.
2. The thoughts take on an unrealistically negative and distorted quality. EBS
그 생각은 비현실적으로 부정적이고 왜곡된 특성을 띤다.

147 take care of　～을 돌보다, ～을 처리하다 ➡ look after, care for

take(사용하다) + care(관심) + of(～에 대해) → ～에 대해 관심을 사용하다

The earlier manager had only taken care of the goal of production. 모평
이전의 관리자는 생산 목표만을 처리했었다.

148 take action　조치를 취하다 ➡ take steps, take measures

take(취하다) + action(행동) → 행동을 취하다

We can take action to boost the economy without changing the law.
우리는 법을 바꾸지 않고도 경제 활성화를 위한 조치를 취할 수 있다.

149 take notes (of)   (~을) 필기하다

혼동

take(사용하다) + notes(노트) → 노트를 사용하다

Madeleine uses her tablet to take notes in class. 학평

Madeleine은 수업 중에 필기하기 위해 자신의 태블릿을 사용한다.

150 take notice of   ~에 주목하다, ~에 주의를 기울이다   ■ pay[give] attention to

take(사용하다) + notice(주의) + of(~에 대해) → ~에 대해 주의를 기울이다

The robot doesn't have to take much notice of the world around it. EBS

로봇은 자기의 주변 세상에 크게 주의를 기울일 필요가 없다.

---

to

❶ (대상) ~을, ~에(게), ~에 대해
❷ (방향) ~을 향해, ~으로
❸ (도달) ~까지
❹ (비교) ~보다

---

151 refer to

1. ~을 언급하다   ■ mention
2. ~을 참고하다   ■ consult
3. ~을 가리키다[나타내다]

¹ refer(언급하다) + to(~을) → ~을 언급하다
² refer(참조하다) + to(~을) → ~을 참조하다
³ refer(나타내다) + to(~을) → ~을 나타내다

1. They try not to refer to the recent matter of the treadmill.
   그들은 최근의 러닝머신 문제를 언급하지 않으려고 애쓴다.

2. If you have trouble locating the castle, refer to the map above.
   당신이 그 성을 찾는 데 어려움이 있다면 위의 지도를 참고하세요.

3. *Tewak* refers to a round flotation device, often orange in color. 교과서
   *Tewak*은 보통 주황색인 동그란 부표를 가리킨다.

152 apply to ~에 적용되다, ~에 해당되다

apply(적용되다) + to(~에) → ~에 적용되다

The limitation also applies to any chemical medications. 학평
그 제약은 또한 어떠한 화학적 약물에도 적용된다.

DAY
08

153 belong to ~에 속하다, ~의 소유이다

belong(속하다) + to(~에) → ~에 속하다

Most peer-reviewed journals belong to a few major publishers. EBS
대부분의 동료 검토 학술지는 몇몇 주요 출판사의 소유이다.

154 according to ~에 따라, ~에 의하면

according(따르는) + to(~에) → ~에 따르는

The author has selected the content according to his own worldview. 수능
그 저자는 자신의 세계관에 따라 내용을 선택해 왔다.

155 adapt to ~에 적응하다 ▣ adjust to

adapt(적응하다) + to(~에) → ~에 적응하다

Impalas have the ability to adapt to different environments of the savannas.
임팔라는 대초원의 여러 환경에 적응하는 능력이 있다. 학평

156 stick to ~을 고수하다, ~을 지키다 ▣ adhere to, cling to

stick(들러붙다) + to(~에) → ~에 들러붙어 끝까지 하다

Is it a good idea to stick to your principles and not forgive people?
당신의 원칙을 고수하여 사람들을 용서하지 않는 것이 좋은 생각인가?

157 lead to

(결과적으로) ~에 이르다, ~을 초래하다 **目** cause, result in

lead(이끌다) + to(~으로) → 결과를 ~으로 이끌다

Having extra sugar can lead to obesity and other health problems. 교과서
설탕을 추가로 먹는 것은 비만과 다른 건강 문제를 초래할 수 있다.

158 amount to

1. (합계가) ~에 이르다[달하다]
2. ~와 마찬가지다, ~에 해당하다

1 amount(총계에 달하다) + to(~까지) → 총계가 ~에 이르다
2 amount(가치에 해당하다) + to(~까지) → ~까지에 달하는 가치이다

1. Plastic packaging waste amounted to 800 thousand tons. 학평
   플라스틱 포장 쓰레기는 80만 톤에 이르렀다.
2. The actions amount to suppression of human rights defenders.
   그 조치는 인권 옹호자에 대한 탄압에 해당한다.

159 prior to

~(보다 이)전에, ~에 앞서 **目** before, in advance of, ahead of

prior(이전의) + to(~보다) → ~보다 이전에

Registration must be done at least 24 hours prior to the event. EBS
등록은 적어도 행사 24시간 전에 하셔야 합니다.

160 prefer A to B

B보다 A를 선호하다[더 좋아하다]

prefer(선호하다) + A + to(~보다) + B → B보다 A를 더 선호하다

An introvert may prefer online to in-person communication. 모평
내성적인 사람은 직접적인 소통보다 온라인상의 소통을 선호할 수도 있다.

A 영어는 우리말로, 우리말은 영어로 쓰시오.

01 take up _____

02 take ~ for granted _____

03 refer to _____

04 amount to _____

05 ~에 참여하다 _____

06 조치를 취하다 _____

07 ~을 고수하다, ~을 지키다 _____

08 B보다 A를 선호하다 _____

B 다음 문장의 빈칸에 들어갈 표현을 골라 알맞은 형태로 쓰시오.

take turns	take on	take notice of
apply to	belong to	adapt to

01 We are facing the need to _____ new ways of work.
우리는 새로운 업무 방식에 적응해야 할 필요성에 직면해 있다.

02 Your last two novels _____ my favorite genre of literary fiction.
당신의 마지막 두 소설은 내가 가장 좋아하는 문학 소설 장르에 속한다.

03 The change does not _____ children born before December 2016.
2016년 12월 이전에 출생한 어린이에게는 변경 사항이 적용되지 않는다.

04 I should be doing something to make them _____ what they're
doing. 나는 그들에게 자신들이 하는 일에 주목하도록 무언가를 해야 한다.

05 The baseball teams _____ throwing the ball, or pitching, and
batting. 야구팀들은 교대로 공을 던지거나 투구하고 타격한다.

A 01 (시간·장소 등을) 차지하다, 시작하다 02 ~을 당연히 여기다 03 ~을 언급하다, ~을 참고하다, ~을 가리키다[나타내다]
04 (합계가) ~에 이르다[달하다], ~와 마찬가지다, ~에 해당하다 05 take part in 06 take action 07 stick to
08 prefer A to B
B 01 adapt to 02 belong to 03 apply to 04 take notice of 05 take turns

put

❶ 놓다, 두다, 넣다
❷ 말하다, 쓰다
❸ ~한 상태로 두다

---

161 □□ put out

1. **(불을) 끄다** 🔲 extinguish
2. **내놓다**

¹ put(~한 상태로 두다)＋out(꺼진) → 꺼진 상태로 두다
² put(두다)＋out(밖에) → 밖에 두다

1. She covered the pot with the lid to put out the flames. 〔학평〕
   그녀는 불을 끄려고 뚜껑으로 냄비를 덮었다.
2. The cows were put out to pasture after they were milked.
   젖소들은 젖을 짜낸 후 목초지로 내보내졌다.

---

162 □□ put off

연기하다, 미루다 🔲 postpone, delay

put(~한 상태로 두다)＋off(중단하여) → 중단한 상태로 두다

He often says he's tired and puts off his work. 〔EBS〕
그는 자주 피곤하다고 말하고 자신의 일을 미룬다.

---

163 □□ put together

1. **(부품을) 조립하다** 🔲 assemble
2. **만들다** 🔲 create, prepare
3. **합하다** 🔲 combine

put(놓다)＋together(함께) → ¹ 함께 맞춰 놓다 ² 함께 놓아 만들다 ³ 함께 모아 놓다

1. You were the one who put all the things together. 〔EBS〕
   모든 것들을 조립한 사람은 바로 당신이었다.
2. I just started to put together a new course presentation.
   나는 방금 새로운 강의 프레젠테이션을 만들기 시작했다.
3. We put our heads together and think things over. 〔EBS〕
   우리는 머리를 맞대고 일을 심사숙고한다.

DAY **09**

164 put aside

1. 저축하다, 모아 놓다 🔲 save   2. 제쳐 두다, 무시하다

¹ put(두다)＋aside(따로) → 따로 모아 두다
² put(두다)＋aside(한쪽으로) → 한쪽으로 제쳐 두다

1. You should always put aside some money for emergencies.
   당신은 비상시를 대비해 항상 약간의 돈을 저축해야 한다.
2. We put aside mental models we habitually rely on and create new ones.
   우리는 습관적으로 의존하는 정신 모형을 제쳐 두고 새로운 것을 만든다. **EBS**

165 put down

1. 내려놓다   2. 깎아내리다, 깔아뭉개다
3. 적어 두다 🔲 write down

¹ put(놓다)＋down(아래로) → 아래에 놓다
² put(~한 상태로 두다)＋down(낮추어) → 상대를 낮춘 상태로 두다
³ put(쓰다)＋down(아래로) → 아래에 쓰다

1. She had to put down her tennis racket and go to golf class. **EBS**
   그녀는 테니스 라켓을 내려놓고 골프 수업에 가야 했다.
2. He was determined to put down all opposition.
   그는 모든 반대를 깔아뭉개기로 결심했다.
3. As the planner, you must put down all the details of your meeting.
   기획자로서 당신은 회의의 모든 세부 사항을 적어 두어야 한다.

166 put forward

(의견을) 제시하다, 제안하다

put(~한 상태로 두다)＋forward(앞으로) → 의견을 앞으로 낸 상태로 두다

The explanations were put forward by historians. **EBS**
그 설명은 역사가들에 의해 제시되었다.

167 put ~ into practice

~을 실행에 옮기다 🔲 put ~ into action

put(놓다)＋into(~으로)＋practice(실행) → ~을 실행으로 놓다

Our bodies are good at putting the brain's ideas into practice. **EBS**
우리의 몸은 뇌의 생각을 실행에 옮기는 데 능숙하다.

over

❶ 위로, 넘어서, 너머로
❷ 거꾸로, 넘어져
❸ 되풀이하여
❹ 전체에 걸쳐, 면밀히

---

168 pass over

1. (위로) 지나가다, 통과하다
2. (특히 자격이 있는 사람을) 제외시키다

¹ pass(지나가다) + over(위로) → 위로 지나가다
² pass(지나가다) + over(넘어서) → 넘어서 지나가다

1. Vertical separation of aircraft allows some flights to pass over airports. 학평
   항공기 간의 상하 간격이 일부 비행기가 공항 위를 통과할 수 있게 한다.
2. Ted was passed over in favor of more qualified candidates.
   Ted는 더 자격이 있는 후보자의 선호로 제외되었다.

---

169 hand over

건네다, 넘겨주다, 양도하다 目 pass, turn over, give over

hand(건네주다) + over(너머로) → 너머로 건네주다

The money was handed over to him, and he set out for Shiraz. EBS
그 돈이 그에게 건네졌고, 그는 Shiraz를 향해 출발했다.

---

170 take over

1. 이어받다, 인수하다   2. 차지하다, 장악하다 目 acquire

¹ take(받다) + over(너머로) → 너머로 넘겨받다
² take(차지하다) + over(전체에 걸쳐) → 전체에 걸쳐 차지하다

1. Upon repeated requests to take over the team, Carter accepted the offer.
   팀을 인수하라는 반복되는 요청에 Carter는 그 제안을 수락했다. EBS
2. We should not let our work take over our lives. 학평
   우리는 우리의 일이 우리의 삶을 장악하게 해서는 안 된다.

---

171 pull over

(차를) 길가에 대다[세우다]

pull(틀다) + over(너머로) → 차를 너머로 틀어 세우다

He should pull over for a while and try to get some more sleep.
그는 잠시 차를 길가에 세우고 잠을 더 자야 한다.

172 turn over　　1. 뒤집다 ➡ flip　2. 넘기다 ➡ hand over

¹ turn(돌리다) + over(거꾸로) → 거꾸로 돌리다
² turn(돌리다) + over(너머로) → 너머로 돌리다

1. I slowly turned it over to see my result. EBS
　나는 내 결과를 보기 위해 그것을 천천히 뒤집었다.
2. You may have to turn over that information to the government.
　당신은 그 정보를 정부에 넘겨야 할지도 모른다.

➕ turn A over to B　A를 B에게 넘기다

173 go over　　1. 복습하다, 반복하다 ➡ repeat
　　　　　　　　2. 검토하다, 주의 깊게 살피다 ➡ examine, look into

¹ go(가다) + over(되풀이하여) → 되풀이하여 가다
² go(가다) + over(전체에 걸쳐) → 전체에 걸쳐 살피며 가다

1. We will go over what we learned in the previous two workshops.
　우리는 이전 두 번의 워크숍에서 배운 내용을 복습할 것이다.
2. He handed out our graded exams so that we could go over them. EBS
　그는 우리가 그것을 검토할 수 있도록 성적이 매겨진 시험지를 나눠주었다.

174 think over　　심사숙고하다 ➡ consider

think(생각하다) + over(면밀히) → 면밀하게 생각하다

Please take the time to think over my advice. 교과서
내 충고를 심사숙고할 시간을 좀 내어 보시오.

away　❶ 멀리, 떨어져
　　　　❷ 사라져, 없어져

175 throw away　　버리다 ➡ throw out, dump

throw(던지다) + away(멀리) → 멀리 던지다

There is a cost connected to throwing away waste. EBS
쓰레기를 버리는 데 관련된 비용이 있다.

---

176 ☐☐ **take away**
1. ~을 없애다, 제거하다 🔁 remove, get rid of
2. ~을 빼앗다 🔁 deprive of

1,2 take(가져가다) + away(멀리) → 멀리 가져가다

1. They believe that music has the power to take away pain.
그들은 음악이 고통을 없애는 힘이 있다고 믿는다.

2. The unexpected news took away my sense of joy.
그 예기치 않은 소식이 나의 기쁨의 느낌을 빼앗았다.

---

177 ☐☐ **stay away from**
~에서 떨어져 있다, ~을 가까이하지 않다
🔁 keep away from, avoid

stay(머무르다) + away(떨어져) → 떨어져 머무르다

Many understandably stay away from writing. **EBS**
당연히 많은 이들이 글쓰기를 가까이하지 않는다.

---

178 ☐☐ **pass away**
사망하다, 죽다 🔁 die

pass(지나가다) + away(사라져) → 세상에서 사라져 지나가다

Her father passed away when she was 12. **학평**
그녀의 아버지는 그녀가 열두 살 때 돌아가셨다.

---

179 ☐☐ **fade away**
서서히 사라지다, 없어지다 🔁 disappear, go away

fade(희미해지다) + away(없어져) → 희미해져 없어지다

The traditional roles of the amazing women may one day fade away. **교과서**
그 놀라운 여성들의 전통적인 역할은 언젠가 서서히 사라질지도 모른다.

---

180 ☐☐ **do away with**
~을 없애다 🔁 remove, get rid of, abolish

do(하다) + away(없어져) + with(~을) → ~을 없어지게 하다

They are very important documents I can't do away with.
그것들은 내가 없앨 수 없는 매우 중요한 문서이다.

Review TEST

A 영어는 우리말로, 우리말은 영어로 쓰시오.

01 put aside _____

02 put down _____

03 take over _____

04 stay away from _____

05 ~을 실행에 옮기다 _____

06 (차를) 길가에 대다[세우다] _____

07 ~을 없애다, 제거하다, ~을 빼앗다 _____

08 사망하다, 죽다 _____

B 다음 문장의 빈칸에 들어갈 표현을 골라 알맞은 형태로 쓰시오.

put off	put together	go over
turn over	fade away	throw away

01 They've got more money than the rest of us _____.

그들은 나머지 우리 모두를 합친 것보다 더 많은 돈을 가지고 있다.

02 Some people thanked him for offering to _____ his departure.

몇몇 사람들은 그가 출발을 미뤄 줄 것을 제안한 것에 대해 고마워했다.

03 It is a waste to _____ anything that can still be used.

여전히 사용될 수 있는 어떤 것이든 버리는 것은 낭비이다.

04 We suggest that you _____ the exam paper as soon as you receive it. 우리는 여러분이 시험지를 받자마자 바로 넘기는 것을 제안한다.

05 There is concern that the memory of the disaster may _____ among people. 사람들 사이에서 재난에 대한 기억이 서서히 사라질 수 있다는 우려가 있다.

A **01** 저축하다, 모아 놓다, 제쳐 두다, 무시하다 **02** 내려놓다, 깎아내리다, 깔아뭉개다, 적어 두다 **03** 이어받다, 인수하다, 차지하다, 장악하다 **04** ~에서 떨어져 있다, ~을 가까이하지 않다 **05** put ~ into practice **06** pull over
07 take away **08** pass away
B **01** put together **02** put off **03** throw away **04** turn over **05** fade away

turn

❶ 돌다, 돌리다
❷ 향하다, 향하게 하다
❸ 변하다, 바꾸다, ~되게 하다

---

181 **turn in**　　　　제출하다　☐ hand in

turn(향하게 하다) + in(안으로) → 제출물을 안으로 향하게 하다

Students can use laptops to take tests and turn in homework online.
학생들은 노트북을 사용하여 온라인으로 시험을 치르고 숙제를 제출할 수 있다.

---

182 **turn to**
　　1. ~에 의존[의지]하다　☐ look to
　　2. ~으로 변하다　☐ turn into, become

¹ turn(향하다) + to(~에게) → ~에게 향하다
² turn(변하다) + to(~으로) → ~으로 변하다

1. Livestock industries have turned to large-scale "manufacturing" of meat in huge "factories." 교과서
   가축 산업은 거대한 '공장'에서의 육류의 대규모 '생산'에 의존해 왔다.

2. If you leave them until spring, they will turn to stone.
   여러분이 그것들을 봄까지 방치하면, 그것들은 돌로 변할 것이다.

---

183 **turn down**
　　1. 거절하다　☐ refuse, reject, decline
　　2. (소리 등을) 줄이다　☐ lower

¹ turn(~되게 하다) + down(정지하여) → 정지되게 하다
² turn(~되게 하다) + down(약해져) → 약해지게 하다

1. He surprised government officials by turning down the offer. 교과서
   그는 그 제안을 거절함으로써 정부 관리들을 놀라게 했다.

2. The woman gestured at him to turn down the music.
   그 여자는 그에게 음악 소리를 줄이라고 손짓했다.

DAY 10

---

184 turn A into B A를 B로 바꾸다 ▤ change A into B

turn(바꾸다) + A + into(~으로) + B → A를 B로 바꾸다

Further roasting will turn some of the sugar into pure carbon. [학평]
추가 로스팅은 일부의 당을 순수 탄소로 바꿀 것이다.

---

185 turn out
1. ~으로 판명되다, ~으로 드러나다 ▤ prove
2. 생산하다 ▤ produce

1, 2 turn(~되게 하다) + out(세상에 드러난) → 세상에 드러나게 되다

1. Signals turn out to be an efficient way to navigate the world. [학평]
   신호는 세상을 항해하는 효율적인 방법으로 판명된다.

2. Our highly trained teams can quickly turn out the products you need.
   우리의 고도로 숙련된 팀은 여러분이 필요로 하는 제품을 신속하게 생산할 수 있다.

---

186 turn off (전기·가스·수도 등을) 끄다[잠그다]

turn(바꾸다) + off(멈추어) → 멈추게 바꾸다

They insist that students turn off the TV or radio. [학평]
그들은 학생들이 TV나 라디오를 꺼야 한다고 주장한다.

---

for

❶ (목적) ~을 위해, ~을 찾아
❷ (방향) ~을 향해
❸ (대상) ~을, ~에 대해
❹ (이유) ~ 때문에, ~으로 인해
❺ ~에 찬성하여

---

187 apply for ~에 지원하다

apply(지원하다) + for(~을 위해) → ~을 위해 지원하다

The easiest way to apply for this position is to email us. [EBS]
이 자리에 지원하기 위한 가장 쉬운 방법은 우리에게 이메일을 보내는 것이다.

188
☐☐ **prepare for** ~을 준비하다

prepare(준비하다) + for(~을 위해) → ~을 위해 준비하다

She promised to help me prepare for the physics exam. 교과서
그녀는 내가 물리 시험을 준비하는 것을 도와주기로 약속했다.

189
☐☐ **long for** ~을 갈망하다 ≣ wish for, yearn for

long(간절히 바라다) + for(~을 찾아) → ~을 찾으며 간절히 바라다

Young children long for the day when they can wear a shirt. 교과서
어린아이들은 자신들이 셔츠를 입을 수 있는 날을 갈망한다.

➕ long to *do* ~하기를 갈망하다

190
☐☐ **leave for** ~으로 떠나다

leave(떠나다) + for(~을 향해) → ~을 향해 떠나다

I'm going to leave for the airport around 2 o'clock to greet them. EBS
나는 그들을 맞이하기 위해 2시쯤 공항으로 떠날 예정이다.

191
☐☐ **ask for** ~을 요청하다 ≣ request, demand, call for, ask, call (up)on

ask(요청하다) + for(~을) → ~을 요청하다

Just come on Saturday and ask for the rental service. 모평
그냥 토요일에 오셔서 대여 서비스를 요청하세요.

192
☐☐ **be famous for** ~으로 유명하다 ≣ be known[renowned] for

be famous(유명하다) + for(~ 때문에) → ~ 때문에 유명하다

He was also famous for his distinctive running style. 모평
그는 또한 독특한 달리기 스타일로 유명했다.

DAY
10

193 vote for

~에 찬성 투표하다

vote(투표하다) + for(~에 찬성하여) → ~에 찬성하여 투표하다

Our coach asked us to vote for one of the candidates.
우리 코치는 그 후보자들 중 한 명에 찬성 투표하라고 우리에게 요청했다.

➕ vote against ~에 반대 투표하다

of

❶ (대상) ~을, ~에 대해
❷ (구성) ~으로
❸ (분리) ~에서 떨어져, ~을 제거하여
❹ (원인) ~에 의해, ~의 결과로

194 be capable of

~할 수 있다 ＝ can, be able to

be capable(할 수 있다) + of(~을) → ~을 할 수 있다

The fish is capable of breeding after only its first year of life. `EBS`
그 물고기는 태어난 지 1년 만에 번식을 할 수 있다.

195 make fun of

~을 놀리다, ~을 비웃다 ＝ ridicule, tease

make(만들다) + fun(웃음거리) + of(~을) → ~을 웃음거리로 만들다

The producers meant to make fun of his foolish family. `학평`
제작자들은 그의 어리석은 가족을 비웃으려고 의도했다.

196 be aware of

~을 인식하다, ~을 알고 있다 ＝ be conscious of

be aware(알고 있다) + of(~을) → ~을 알고 있다

Everyone is aware of the importance of urban planning. `교과서`
모두가 도시 계획의 중요성을 인식하고 있다.

197 be full of

~으로 가득 차다 ■ be filled with

be full(가득 차다) + of(~으로) → ~으로 가득 차다

The sky was full of white clouds, like the ships we saw sailing far out to sea.
하늘은 흰 구름으로 가득 차서, 우리는 멀리 바다로 항해하는 배를 보는 것 같았다.

198 regardless of

~에 상관없이 ■ irrespective of

regardless(상관하지 않고) + of(~에서 떨어져) → ~에서 떨어져 상관하지 않는

Regardless of talent level, if you work hard, you'll be a better musician. EBS
재능의 수준에 상관없이, 열심히 노력하면 여러분은 더 나은 음악가가 될 것이다.

199 free of charge

무료로, 무상으로

free(없는) + of(~을 제거하여) + charge(요금) → 요금을 제거하여 없는

Registration can be canceled up to a day before the camp, free of charge.
등록은 캠프 하루 전까지 무료로 취소될 수 있다. EBS

200 die of

(병·노령 등)으로 죽다

die(죽다) + of(~에 의해) → ~의 결과로 죽다

The average age of the children who died of an infection was just over 12 months.
감염으로 죽은 아이들의 평균 연령은 12개월이 조금 넘었다.

■ die from (부상·부주의 등)으로 죽다

A 영어는 우리말로, 우리말은 영어로 쓰시오.

01 turn to _____

02 turn out _____

03 long for _____

04 free of charge _____

05 ~에 지원하다 _____

06 ~으로 유명하다 _____

07 ~에 찬성 투표하다 _____

08 ~에 상관없이 _____

B 다음 문장의 빈칸에 들어갈 표현을 골라 알맞은 형태로 쓰시오.

turn in	turn down	prepare for
ask for	make fun of	be full of

01 It is a sign of misuse of intellect to _____ others.
다른 사람을 놀리는 것은 지성을 오용하는 표시이다.

02 In those cases, it can even make us feel selfish to _____ help.
그러한 경우에 도움을 요청하는 것이 이기적으로 느껴질 수도 있다.

03 The best thing you can do is to immediately _____ the invitation.
당신이 할 수 있는 최선의 일은 초대를 즉시 거절하는 것이다.

04 When you renew your license, you must _____ your previous
license. 면허증을 갱신할 때는, 여러분의 이전 면허증을 제출해야 한다.

05 We all quite naturally expected her parents to _____ joy and
happiness. 우리 모두는 자연스럽게 그녀의 부모님이 기쁨과 행복으로 가득 차 있으리라 기대했다.

A 01 ~에 의존[의지]하다, ~으로 변하다   02 ~으로 판명되다, ~으로 드러나다, 생산하다   03 ~을 갈망하다   04 무료로, 무
상으로   05 apply for   06 be famous for   07 vote for   08 regardless of
B 01 make fun of   02 ask for   03 turn down   04 turn in   05 be full of

WORD MASTER
SERIES

PART

II

빈출순으로 암기하는
필수 숙어

201 **be supposed to** *do*

1. ~할 것으로 예정되다 ▣ be scheduled to *do*
2. ~해야 한다, ~하기로 되어 있다 ▣ be forced to *do*

1. The surface mission was supposed to be thirty-one days. 교과서
   표면 탐사 임무는 31일로 예정되어 있었다.
2. Computers were supposed to do our calculations for us. 학평
   컴퓨터는 우리를 위해 계산을 해 주기로 되어 있었다.

202 **a variety of**

다양한, 여러 가지의 ▣ various, diverse, a diversity of

This sort of standardization has a variety of benefits for employers. EBS
이런 종류의 표준화는 고용주에게 다양한 이점을 준다.

203 **along with**

1. ~와 함께 ▣ together with
2. ~에 덧붙여, ~와 마찬가지로 ▣ in addition to

1. Along with rapid eye movement, our heart rates increase. 학평
   급격한 안구 운동과 함께 우리의 심장 박동 수가 증가한다.
2. The family was forced, along with hundreds of others, to flee again.
   그 가족은 수백의 다른 가족과 마찬가지로 다시 피해야 했다.

➕ go along with ~에 동의하다   get along with ~와 잘 지내다

204 **make sure**

1. 반드시[확실히] ~하다 ▣ ensure
2. 확인하다 ▣ confirm, check

1. Make sure you think about these principles at work in your daily life. 교과서
   당신의 일상생활에서 작용하고 있는 이런 원리에 대해 반드시 생각해 보라.
2. He wanted to make sure that she was cared for financially.
   그는 그녀가 재정적으로 보살핌을 받는지 확인하기를 원했다.

---

205 □□ due to

~ 때문에 ≡ because of, owing to

The termite mounds stay cool due to a constant flow of air. 교과서
흰개미 집은 끊임없는 공기의 흐름 때문에 시원하게 유지된다.

🔧 be due to ⓝ ~에서 기인하다, ~ 때문이다
be due to *do* ~할 예정이다, ~하기로 되어 있다

---

206 □□ instead of

1. ~ 대신에 ≡ in place of
2. ~하지 않고

1. Your girlfriend might prefer something else instead of roses. EBS
   네 여자 친구는 장미 대신에 다른 것을 선호할지도 모른다.
2. Farming allowed people to settle down instead of moving around all the time. 교과서
   농사는 사람들이 항상 이동하지 않고 정착하도록 했다.

---

207 □□ take pride in

~을 자랑하다, ~에 자부심을 갖다
≡ pride oneself on, be proud of

They want to do well and to take pride in their accomplishments. EBS
그들은 잘 해내고 자신들의 성과에 자부심을 갖기를 원한다.

---

208 □□ first of all

우선, 가장 먼저 ≡ above all

First of all, I want to become a genetic engineer. 교과서
우선, 나는 유전 공학자가 되고 싶다.

209 in a hurry
1. 서둘러, 급히 ■ in haste
2. 바쁜 ■ busy

1. Leaving the goods behind in the house, he ran away in a hurry. 학평
물건들을 집에 남겨 두고 떠나면서, 그는 서둘러 도망쳤다.
2. It can mean that the speaker is really in a hurry.
그것은 그 연사가 정말 바쁘다는 것을 의미할 수 있다.

➕ hurry up 서두르다

210 make a mistake
실수하다, 잘못 생각하다 ■ make an error

If you make a mistake, don't say, "I'm a loser. I'm not good at anything." 교과서
만일 당신이 실수하더라도 "나는 실패자야. 나는 아무것도 잘하지 못해."라고 말하지 말라.

211 in addition
1. 게다가 ■ additionally, besides, moreover, furthermore
2. ~에 덧붙여 ((to))

1. In addition, our company is pursuing expansion in overseas markets.
게다가, 우리 회사는 해외 시장의 확장을 추구하고 있다.
2. In addition to being toys, dolls are created as ritual and spiritual objects.
장난감인 것에 덧붙여, 인형은 의례적이고 영적인 물건으로 제작된다.

212 a couple of
1. 두 사람의, 둘의
2. 몇 사람의, 몇 개의

1. There are a couple of relatively famous pieces of space trash. 교과서
비교적 유명한 우주 쓰레기 두 개가 있다.
2. A couple of minutes later, her parents came rushing into the house. 학평
몇 분 후에, 그녀의 부모님이 집안으로 뛰어들어왔다.

➕ a couple of days 이틀 (정도)

213
□□ **manage to *do***　　　~을 (용케, 어떻게든) 해내다, 그럭저럭 ~하다

Flexible companies manage to take advantage of economic hardship. 〔EBS〕
탄력적인 회사들은 경제적 어려움을 기회로 활용해낸다.

214
□□ **pay for**
1. ~에 (돈, 대가 등을) 지불하다, 치르다
2. ~에 보답하다

1. Workers began to pay for leisure activities. 〔학평〕
노동자들은 여가 활동에 돈을 지불하기 시작했다.
2. It's time to pay for the world by doing something for it. 〔교과서〕
세상을 위해 무언가를 함으로써 그 세상에 보답할 시간이다.

➕ pay for itself 제값을 하다

215
□□ **care for**
1. ~을 돌보다[보살피다] ➡ take care of, look after
2. ~을 좋아하다 ➡ like, enjoy

〔혼동〕

1. Angie had no one else to care for him. 〔EBS〕
Angie에게는 그를 돌볼 다른 사람이 없었다.
2. I don't care for those who only do harm to others.
나는 다른 사람에게 해만 끼치는 사람들을 좋아하지 않는다.

216
□□ **care about**
1. ~에 마음[신경]을 쓰다 ➡ mind
2. ~에 관심을 가지다 ➡ pay attention to

1. They don't care about the public welfare of the country.
그들은 그 나라의 공공복지에 신경을 쓰지 않는다.
2. Make no mistake about how deeply artists care about their work. 〔EBS〕
예술가들이 자신들의 작품에 얼마나 깊이 관심을 갖는지는 분명하다.

217 after all

1. 《예상과 달리》 결국에는
   🔵 finally, eventually, in the end, in the long run
2. 《이유·설명을 덧붙일 때》 어쨌든

1. After all, the point is not urgency but importance. 교과서
   결국에는, 요점은 긴급도가 아니라 중요도이다.
2. I trust her advice. After all, she has a lot of experience in the field.
   나는 그녀의 조언을 믿는다. 어쨌든, 그녀는 그 분야에서 경험이 많으니까.

218 stare at

~을 응시하다, ~을 빤히 쳐다보다 🔵 gaze at, glare at

He slowly put the glasses on and stared at the birthday presents on the table.
그는 천천히 그 안경을 쓰고, 탁자 위에 있는 생일 선물을 응시했다. 수능

219 at the same time

1. 동시에 🔵 all at once, simultaneously
2. 《앞의 진술과 대조적인 진술일 때》 그와 동시에

1. The other international volunteers arrived at the same time. 교과서
   다른 국제 자원봉사자들이 동시에 도착했다.
2. His work was functionally separate from and at the same time connected with the Impressionists. EBS
   그의 작품은 인상파 화가들로부터 기능적으로 독립해 있으면서 그와 동시에 그들과 연관되어 있었다.

220 fill A with B

A를 B로 채우다

She kept filling her bucket with the caterpillars until the bottom disappeared.
그녀는 바닥이 보이지 않을 때까지 계속해서 자신의 양동이를 애벌레로 채웠다. 학평

➕ be filled with ~으로 가득 차 있다

A 영어는 우리말로, 우리말은 영어로 쓰시오.

01 be supposed to *do* _____

02 due to _____

03 manage to *do* _____

04 care about _____

05 다양한, 여러 가지의 _____

06 ~ 대신에, ~하지 않고 _____

07 실수하다, 잘못 생각하다 _____

08 결국에는, 어쨌든 _____

B 다음 문장의 빈칸에 들어갈 표현을 골라 알맞은 형태로 쓰시오.

make sure	take pride in	in addition
pay for	care for	stare at

01 It seems unfair to him to make him _____ everything.

그가 모든 비용을 지불하게 하는 것은 그에게 불공평해 보인다.

02 I sat there and tried to _____ the door and the horizon instead.

나는 대신에 그곳에 앉아서 문과 수평선을 응시하려고 애썼다.

03 It's important to _____ that your lights are working properly.

전등이 제대로 작동하고 있는지 확인하는 것이 중요하다.

04 _____ to these arrangements, there are strict safety requirements.

이런 준비에 덧붙여, 엄격한 안전 요구 사항이 있다.

05 They _____ the work they did and truly became part of the community.

그들은 자신들이 하는 일에 자부심을 가졌고 진정으로 그 공동체의 일원이 되었다.

A　01 ~할 것으로 예정되다, ~해야 한다, ~하기로 되어 있다　02 ~ 때문에　03 ~을 (용케, 어떻게든) 해내다, 그럭저럭 ~하다
04 ~에 마음[신경]을 쓰다, ~에 관심을 가지다　05 a variety of　06 instead of　07 make a mistake　08 after all
B　01 pay for　02 stare at　03 make sure　04 In addition　05 took pride in

221 pay attention to

~에 주의를 기울이다, ~에 주목[유의]하다
= attend to, give attention to, take notice of

Language affects how people think and what they pay attention to. EBS
언어는 사람들이 생각하는 방식과 주의를 기울이는 대상에 영향을 미친다.

222 a number of

1. **많은, 다수의** = many, a lot of, lots of, numbers of
2. **얼마간의, 몇 개의** = some

1. He had carried out a number of adventurous explorations. 교과서
   그는 다수의 모험적 탐험을 완수했었다.
2. They responded by offering a number of pots and coconuts. 학평
   그들은 몇 개의 단지와 코코넛을 제공하면서 응수했다.

   ➕ a great number of 매우 많은   the number of ~의 수

223 find out

알아내다, 찾아내다 = discover, detect, figure out

People often do not find out about the things they fail to perceive. EBS
사람들은 흔히 자신이 인지하지 못하는 것들에 대해 알아내지 못한다.

224 work on

1. **~에 애쓰다, ~에 공들이다**
2. **~을 연구하다, ~을 작업하다**
3. **~에 영향을 주다, ~을 설득하다**

1. She has to work on specific skills where she is lacking. EBS
   그녀는 자신이 부족한 특정 기술에 공을 들여야 한다.
2. They work on various issues in many different fields. 교과서
   그들은 다양한 분야의 다양한 문제를 연구한다.
3. Given that our new product is selling well, I believe the commercial is working on customers.
   우리의 신제품이 잘 팔리는 것을 보면, 나는 그 광고가 고객들에게 영향을 주고 있다고 생각한다.

DAY
12

225 at least   적어도, 최소한   ≡ at the very least

Empathy is generally categorized into at least two types. `EBS`
공감은 일반적으로 적어도 두 가지 유형으로 분류된다.

➕ at most 기껏해야, 최대한

226 feel like -ing   ~하고 싶다, ~할 마음이 나다
≡ want[wish] to *do*, would like to *do*

Keep doing what you feel like doing for the next thirty days. `교과서`
자신이 하고 싶은 일을 30일 동안 꾸준히 해 보도록 하라.

227 all the way
1. 줄곧, 내내, 항상 ≡ always
2. 온 힘을 다해, 완전히 ≡ completely

1. I wish to let you know that we support you all the way. `모평`
저는 우리가 항상 당신을 지원한다는 것을 알려 드리고 싶습니다.

2. He will defend himself all the way in order to prove his innocence.
그는 자신의 무죄를 입증하기 위해 온 힘을 다해 자신을 변호할 것이다.

228 warm up
1. 따뜻하게 하다, 예열되다
2. 준비 운동을 하다, 몸을 풀다

1. We had to wait in their car while our car warmed up.
우리는 우리의 차가 예열되는 동안 그들의 차 안에서 기다려야 했다.

2. All auditioners are sent to a place to warm up together. `EBS`
모든 오디션 참가자들은 모두 함께 몸을 풀도록 한 장소로 보내진다.

➕ warm-up 준비 운동

229 except for
1. ~을 제외하고 🔁 with the exception of, other than
2. ~이 없으면 🔁 were it not for, but for

1. I could not find any information except for this contact email address. 수능
나는 이 이메일 주소를 제외하고 다른 정보를 찾을 수가 없었다.

2. She would join you except for the cold.
그녀는 감기가 아니면 너와 함께할 것이다.

230 set out
1. (여행을) 떠나다, 출발하다 🔁 leave, set off, depart
2. ~을 정리[진열]하다, (말·글로 조리 있게) ~을 제시하다
🔁 display, arrange, layout
3. (일에) 착수하다, 시작하다 🔁 begin, embark, start out

1. He politely returned it to them and set out on a new journey. 교과서
그는 정중하게 그들에게 그것을 돌려주고 새로운 여행을 떠났다.

2. The reasons for action are often set out clearly in the script. EBS
행동의 이유는 많은 경우 대본에 분명히 제시되어 있다.

3. We set out to organize a charity event to raise funds for a local animal shelter.
우리는 지역 동물 보호소를 위한 기금을 모으기 위해 자선 행사를 조직하기 시작했다.

231 as it is   현재로서는, 지금 실정으로는 🔁 as it (now) stands

 혼동

The weather is quite unpredictable, and as it is, we might need to adjust our outdoor plans.
날씨가 꽤 예측하기 어려워서, 현재로서는 우리는 야외 계획을 조정해야 할 수도 있다.

232 as it were   말하자면, 이를테면 🔁 so to speak

The results of the experiment, as it were, challenged the established scientific consensus.
실험의 결과는, 말하자면 확립된 과학적 합의에 도전했다.

233 focus on
~에 집중하다, ~에 중점을 두다 **□** concentrate on

They focus too much on social media tools and platforms. 수능
그들은 소셜 미디어 도구와 플랫폼에 지나치게 중점을 둔다.

234 in terms of
~의 면[점]에서, ~에 관해서

Metaphor means understanding one thing in terms of another. EBS
비유는 어떤 것을 다른 것의 관점에서 이해하는 것을 의미한다.

DAY 12

235 escape from
~에서 도망가다, ~에서 벗어나다
□ run away from, break free from

The method enables people to escape from the poverty cycle. EBS
그 방식은 사람들이 빈곤의 굴레에서 벗어날 수 있도록 한다.

➕ escape from jail[prison] 탈옥하다

236 for free
공짜로, 무료로
□ free of charge, without charge, at no cost, for nothing

She thought the old woman was trying to get the vase for free. EBS
그녀는 노부인이 그 꽃병을 공짜로 얻으려고 하고 있다고 생각했다.

237 take a look at
~을 (한번) 보다 **□** have a look at

Let's take a look at how technology is changing life on the farm. 교과서
기술이 농장에서의 생활을 어떻게 변화시키고 있는지를 한번 보자.

➕ take a close look at ~을 주의 깊게 보다
take a second look at ~을 다시 한번 보다

---

238 ☐☐ **be about to** *do*

막 ~하려던 참이다

≡ be likely[ready] to *do*, be on the point of *doing*

They were about to visit one of the world's most famous art galleries. 모평

그들은 세계에서 가장 유명한 미술관 중 한 곳을 막 방문할 참이었다.

---

239 ☐☐ **in the end**

결국, 마침내

≡ at last, finally, after all, in the long run, ultimately

They also tell stories that, in the end, we find satisfying. 수능

그것들은 또한, 결국 우리가 만족스럽다고 느끼는 이야기를 한다.

---

240 ☐☐ **be responsible for**

1. ~에 책임이 있다

≡ take the responsibility of[for], be accountable[liable] for

2. ~의 원인이다

1. Both the owner and the driver might be responsible for the accident.
   주인과 운전사 둘 다 그 사고에 책임이 있을지도 모른다.

2. Termites were responsible for the destruction of maize fields.
   흰개미는 옥수수밭 파괴의 원인이었다.

Review TEST

A 영어는 우리말로, 우리말은 영어로 쓰시오.

01 a number of _____

02 find out _____

03 except for _____

04 in terms of _____

05 막 ~하려던 참이다 _____

06 ~하고 싶다, ~할 마음이 나다 _____

07 적어도, 최소한 _____

08 ~을 (한번) 보다 _____

B 다음 문장의 빈칸에 들어갈 표현을 골라 알맞은 형태로 쓰시오.

pay attention to	work on	all the way
warm up	focus on	be responsible for

01 Men's fashion _____ checked or plain cotton shirts.
남성들의 패션은 체크무늬가 있거나 무늬가 없는 면 셔츠에 중점을 둔다.

02 You need to _____ your communication and presentation skills.
당신은 자신의 의사소통 및 발표 기술에 공들일 필요가 있다.

03 Here are some of the things that helped her _____ what she eats.
여기 그녀가 자신이 먹는 것에 주의를 기울이는 데 도움이 된 몇 가지 사항이 있다.

04 Because of that accident, it was bumper-to-bumper _____ back home. 그 사고 때문에, 집으로 돌아오는 내내 정체되었다.

05 Some people believe that every individual should _____ protecting the environment. 어떤 사람들은 모든 개인이 환경 보호에 대한 책임이 있다고 생각한다.

A **01** 많은, 다수의, 얼마간의, 몇 개의 **02** 알아내다, 찾아내다 **03** ~을 제외하고, ~이 없으면 **04** ~의 면[점]에서, ~에 관해서
05 be about to *do* **06** feel like *-ing* **07** at least **08** take a look at
B **01** focuses on **02** work on **03** pay attention to **04** all the way **05** be responsible for

---

241
☐☐ **make sense**

1. 앞뒤가 맞다, 타당하다, 말이 되다
2. 의미가 통하다, 이해가 되다

1. It just doesn't make sense to treat all students alike. 【EBS】
   모든 학생을 똑같이 대하는 것은 말이 안 된다.
2. The second part of the sentence doesn't make sense without the main clause.
   그 문장의 두 번째 부분은 주절이 없어서 의미가 통하지 않는다.

➕ make sense of ∼을 이해하다, ∼의 뜻을 알다

242
☐☐ **as long as**

1. ∼하기만 하면, ∼하는 한
   ▪ so long as, as[so] far as, insofar as
2. ∼하는 만큼 오래

1. As long as he kept quiet, nobody would know. 【모평】
   그가 조용히 있기만 하면, 아무도 알지 못할 것이다.
2. You may be able to extend your stay for as long as you like.
   당신은 있고 싶은 만큼 오래 당신의 체류를 연장할 수도 있다.

243
☐☐ **used to** *do*   ∼하곤 했다, (예전에) ∼했다

혼동

Before her time, people used to place dishes in a dishwasher. 【교과서】
그녀의 시대 전에, 사람들은 접시를 식기세척기에 넣곤 했다.

➕ be used to *do* ∼하는 데 사용되다

244
☐☐ **get used to** *-ing*   ∼(하는 것)에 익숙해지다 ▪ get accustomed to *-ing*

They'll need time to get used to playing as a team. 【EBS】
그들이 한 팀으로서 경기하는 것에 익숙해지려면 시간이 필요할 것이다.

➕ be used[accustomed] to *-ing* ∼(하는 것)에 익숙하다

---

245 in advance   미리, 사전에

Tickets must be purchased in advance at the student council office. 학평
학생회 사무실에서 표를 미리 구매해야 합니다.

➕ in advance of ~보다 앞서, ~보다 진보한

DAY
13

246 rely on[upon]   1. ~에 의존[의지]하다 ➖ depend on[upon], count on
2. ~을 믿다[신뢰하다] ➖ trust

1. The truth is that they both rely on the same science — the science of flight.
진실은 그들 둘 다 같은 과학, 즉 비행의 과학에 의존한다는 것이다. 교과서

2. You simply have to rely on your own judgment and instinct.
당신은 단순히 스스로의 판단과 본능을 믿어야 한다.

➕ be reliant on ~에 의지하다

247 by chance   우연히, 뜻밖에 ➖ by accident, accidentally

Trysdale had heard an old Spanish saying from somewhere by chance. 교과서
Trysdale은 옛 스페인 속담을 어딘가에서 우연히 들었다.

➕ by any chance 혹시라도

248 be crowded with   ~으로 붐비다[혼잡하다], ~이 꽉 들어차다
➖ be packed with

The main square and market were crowded with local people. 교과서
주 광장과 시장은 지역 사람들로 붐볐다.

---

249 **in favor of**

1. ~을 편들어[지지하여], ~에 찬성하여
2. ~에 유리하게, ~의 이익이 되도록

1. The system was weighted against the consumer in favor of the swindler.
그 체제는 사기꾼을 편들어 소비자에게는 불리하도록 치우쳐 있었다. 〔학평〕
2. The judge, taken aback, ruled in favor of the merchant. 〔EBS〕
깜짝 놀란 재판관은 상인에게 유리하게 판결했다.

➕ come out in favor of ~에 찬성하다

---

250 **on earth**

1. 《의문문에서》 도대체
2. 《부정문에서》 전혀, 조금도 ＝ in the world

1. Can you explain what on earth happened here? 〔EBS〕
도대체 여기서 무슨 일이 있었는지 설명해 줄 수 있겠니?
2. There is no reason on earth to waste such a valuable opportunity.
그러한 귀중한 기회를 낭비할 이유는 조금도 없다.

---

251 **enable A to *do***

A가 ~할 수 있게 하다 ＝ allow A to *do*

Social media services enabled people to publicize their views on new songs.
소셜 미디어 서비스는 사람들이 신곡에 대한 그들의 견해를 알릴 수 있게 했다. 〔수능〕

➕ be enabled to *do* ~할 수 있게 되다

---

252 **plenty of**

많은, 풍부한 ＝ a number of, a deal of

There were plenty of etiquette manuals and advice in the media. 〔EBS〕
대중 매체에는 많은 에티켓 설명서와 조언이 있었다.

---

253 in common 공통되는, 공통으로

You can gossip about people you know in common. EBS
여러분은 여러분이 공통으로 알고 있는 사람들에 관하여 험담을 할 수 있다.

➕ in common with ~와 마찬가지로　　　be in common use 흔히 쓰이다
　　have ~ in common ~을 공통으로 가지다

---

254 remind A of B A에게 B를 생각나게 하다[상기시키다]

Our approach reminds me of the classic story of the drunk man. 학평
우리의 접근법은 나에게 술에 취한 남자에 대한 전형적인 이야기를 생각나게 한다.

---

255 all at once
1. 갑자기 ➕ suddenly, all of a sudden
2. 모두 함께, 동시에
　➕ at the same time, at once, at a time, simultaneously

1. It breaks down quite slowly, so it does not demand a lot of oxygen all at once. EBS
그것은 아주 천천히 분해되므로, 갑자기 많은 산소가 필요하지 않다.

2. She wanted to deal with everything all at once. EBS
그녀는 모든 것을 동시에 처리하기를 원했다.

➕ all in all 대체로

---

256 take advantage of ~을 이용하다, ~을 활용하다 ➕ make use of, utilize

Athletes have been actively taking advantage of the progress in science and technology. 교과서
운동선수들은 과학과 기술의 진보를 적극적으로 활용해 왔다.

➕ take full advantage of ~을 충분히 이용하다

---

257 for a while

잠시 동안, 당분간
= for some time, for the time being, for the present, for now

I can't participate in sports or physical activities for a while.
나는 당분간 스포츠나 신체 활동에 참여할 수 없다.

---

258 tend to *do*

~하는 경향이 있다
= have a tendency to *do*, be inclined to *do*

As people get older, they tend to prioritize close social relationships. 모평
사람들은 나이가 들면서, 친밀한 사회적 관계를 우선시하는 경향이 있다.

---

259 out of stock

재고가 없는, 품절[매진]된

That model is currently out of stock. EBS
그 모델은 현재 재고가 없습니다.

➕ go out of stock 매진되다   in stock 재고가 있는

---

260 pick out

1. 고르다, 선택하다 = choose, select
2. 알아보다, 식별하다 = recognize

1. Could you pick out old books we don't need anymore? EBS
우리에게 더 이상 필요 없는 헌책들을 골라 주시겠습니까?

2. The skilled detective could pick out crucial details from the crime scene.
그 숙련된 형사는 범죄 현장에서 중요한 세부 사항을 알아볼 수 있었다.

➕ pick out of a hat 제비뽑기를 하다

A 영어는 우리말로, 우리말은 영어로 쓰시오.

01 as long as _____

02 in favor of _____

03 used to *do* _____

04 pick out _____

05 미리, 사전에 _____

06 A가 ～할 수 있게 하다 _____

07 많은, 풍부한 _____

08 공통되는, 공통으로 _____

B 다음 문장의 빈칸에 들어갈 표현을 골라 알맞은 형태로 쓰시오.

| get used to | rely on | by chance |
| all at once | tend to | take advantage of |

01 They met again _____ the following year and started dating.
그들은 이듬해 우연히 다시 만나 데이트를 시작했다.

02 During our training, we _____ living under difficult conditions.
훈련받는 동안 우리는 어려운 환경에서 생활하는 데 익숙해졌다.

03 Many separation techniques _____ the accurate knowledge of
the sky. 많은 분리 기술은 하늘에 대한 정확한 지식에 의존한다.

04 The mall was very crowded with people eager to _____ the sales.
그 쇼핑몰은 세일을 이용하고자 하는 사람들로 매우 붐볐다.

05 The loud chorus of cicadas stopped _____ .
시끄러운 매미들의 합창 소리가 갑자기 멈췄다.

A 01 ～하기만 하면, ～하는 한, ～하는 만큼 오래 02 ～을 편들어[지지하여], ～에 찬성하여, ～에 유리하게, ～의 이익이 되도록
03 ～하곤 했다, (예전에) ～했다 04 고르다, 선택하다, 알아보다, 식별하다 05 in advance 06 enable A to *do*
07 plenty of 08 in common
B 01 by chance 02 got used to 03 rely on 04 take advantage of 05 all at once

---

261
complain of

1. ~에 대해 불평[항의]하다 🔁 complain about
2. (고통·병의 상태를) 호소하다

1. Many of my apartment neighbors seriously complain of this noise. 수능
   내가 사는 아파트의 많은 이웃이 이 소음에 대해 심하게 불평한다.

2. Some patients complained of a decrease in appetite.
   몇몇 환자는 식욕 감소를 호소했다.

262
owing to

~ 때문에 🔁 due to, because of, on account of

I was forced to stop owing to some trouble with my bicycle.
나는 내 자전거의 어떤 문제 때문에 멈출 수밖에 없었다.

263
in need

어려운, 궁핍한, 가난한

We collect canned and boxed foods to help families in need in the community!
우리는 지역 사회의 어려운 가족을 돕기 위해 통조림과 상자 식품을 모은다! EBS

➕ be in need of ~이 필요하다

264
work out

1. 운동하다 🔁 exercise
2. 잘 되다, 잘 풀리다 🔁 go well
3. 해결하다 🔁 solve, resolve, fix
4. 계산하다 🔁 calculate

1. I usually work out at a fitness center near my office after work. EBS
   나는 보통 퇴근 후에 내 사무실 근처에 있는 피트니스 센터에서 운동한다.

2. I believe our team's innovative approach is going to work out in the long run.
   나는 우리 팀의 혁신적인 접근이 결국에는 잘 될 것이라고 믿는다.

3. You should be able to work out a problem in your head.
   당신은 머릿속으로 문제를 해결할 수 있어야 한다.

4. Knowing the moon's size, it is then easy to work out its density. EBS
   달의 크기를 알면, 그것의 밀도를 계산하기가 쉽다.

➕ work out an average 계산하여 평균을 내다

265 feel free to *do*

마음대로[자유롭게] ~하다

For any questions, please feel free to contact us. 모평
질문이 있으시면, 저희에게 자유롭게 연락하십시오.

266 at random

무작위로, 임의로, 마구잡이로
randomly, arbitrarily, irregularly

They started picking names at random out of the contestant pool.
그들은 참가자 풀에서 무작위로 이름을 뽑기 시작했다.

267 search for

~을 찾다[탐색하다] look for, seek

This motivates us to keep searching for a solution. EBS
이것은 우리가 해결책을 계속 찾도록 동기를 부여한다.

be in search of ~을 찾다

268 in the first place

우선, 첫째로, 애초에 at first, at the start, at the outset

They emphasize creative usage of a database, without installing a fund of knowledge in the first place. 수능
그들은 애당초 지식 기금을 설치하지 않고 데이터베이스의 창의적인 사용을 강조한다.

269 owe A to B

1. B에게 A를 빚지다
2. A는 B의 덕분[덕택]이다 attribute A to B

1. We still owe a lot of money to people we have hired.
   우리는 여전히 우리가 고용한 사람들에게 많은 돈을 빚지고 있다.
2. Somebody owes its very existence to our desire to exploit it. EBS
   누군가의 생존 자체는 그것을 착취하고자 하는 우리의 욕망 덕택이다.

270 a series of 일련의 **=** a chain of, a train of

Climate change does not only reveal itself as a series of extraordinary events.
기후 변화는 일련의 놀라운 사건들로만 자신을 드러내는 것은 아니다. 학평

271 make up
1. 구성하다, 이루다 **=** constitute, form
2. 지어내다, 만들어 내다 **=** invent

1. Visual aspects make up a key part of a meal. 모평
   시각적인 면이 음식의 핵심 부분을 구성한다.
2. I asked the students to make up a story based on the painting.
   나는 학생들에게 그 그림에 기초하여 이야기를 지어내도록 요청했다.

272 far from
1. 전혀[결코] ~이 아닌
   = never, anything but, not at all, by no means
2. ~에서 멀리[먼]
3. ~하기는커녕 오히려 **=** instead of

1. The idea of family support is far from being faultless. EBS
   가족 성원에 대한 생각은 전혀 결점이 없는 것이 아니다.
2. The small cabin in the woods was far from any neighbors.
   숲 속의 그 작은 오두막은 어떤 이웃과도 거리가 멀었다.
3. Far from angry, her face looked tired and worn out. 교과서
   화가 나기는커녕 오히려 그녀의 얼굴은 피곤하고 지쳐 보였다.

273 be worth *-ing* ~할 가치가 있다 **=** deserve *-ing*

I'm not sure the question is worth asking. 학평
나는 그 질문이 물어볼 가치가 있는지 잘 모르겠다.

= be worthwhile to *do* ~하는 것이 가치가 있다   be worthy of ~할 만하다

274 pass by
1. (시간이) 지나다, 흐르다 ■ go by
2. (옆을) 지나가다 ■ go by

1. We were so absorbed in conversation that we didn't even notice the hours pass by.
우리는 대화에 너무 열중해서 시간이 지나는 것도 알아차리지 못했다.

2. The vane turns so that the wind passes by without obstruction. 학평
풍향계는 바람이 방해받지 않고 지나가도록 돌아간다.

➕ passerby (통)행인, 지나가는 사람

DAY
14

275 on foot
걸어서, 도보로

She would drive to places where she usually goes on foot now. 교과서
그녀는 지금 보통 걸어서 다니는 곳까지 차를 타고 다녔을 것이다.

➕ at one's feet 발밑에, 영향을 받고   set ~ on foot ~을 시작[착수]하다

276 B as well as A
A뿐만 아니라 B 또한 ■ not only A but (also) B

Along with these new ways, they will have new problems, as well as new solutions. 교과서
이러한 새로운 방법들과 함께, 그들은 새로운 해결책뿐만 아니라 새로운 문제들 또한 가지게 될 것이다.

277 all of a sudden
갑자기, 불쑥, 불시에 ■ all at once, suddenly

All of a sudden, the economic situation looks a little less certain.
갑자기 경제 상황이 약간 덜 확실해 보인다.

---

278 **be known for**

혼동

~으로 알려져 있다, ~으로 유명하다

Rousseau is best known for his jungle-themed paintings. 교과서
Rousseau는 정글을 테마로 한 그의 그림으로 가장 잘 알려져 있다.

➕ be known to ~에게 알려져 있다

---

279 **be known as**

~으로(서) 알려져 있다

Knight is known as the author of the book *Risk, Uncertainty and Profit*. 수능
Knight는 *Risk, Uncertainty and Profit*이라는 책의 저자로 알려져 있다.

➕ aka(= also known as) ~이라고도 알려진

---

280 **in the long run**

결국에는, 장기적으로 보면
🟰 eventually, ultimately, in the end, in the long term

If they wage war, both are likely to lose in the long run. 학평
만약 그들이 전쟁을 벌인다면, 둘 다 장기적으로 보면 손해를 볼 가능성이 있다.

➕ in the short run 단기적으로

Review TEST

A 영어는 우리말로, 우리말은 영어로 쓰시오.

01 complain of _____

02 at random _____

03 far from _____

04 be known as _____

05 어려운, 궁핍한, 가난한 _____

06 마음대로[자유롭게] ~하다 _____

07 갑자기, 불쑥, 불시에 _____

08 결국에는, 장기적으로 보면 _____

B 다음 문장의 빈칸에 들어갈 표현을 골라 알맞은 형태로 쓰시오.

work out	search for	make up
be worth	as well as	be known for

01 They can find the services you need and _____ the costs.
그들은 당신이 필요한 서비스를 찾고 비용을 계산할 수 있다.

02 Let's take a closer look at two names that may _____ checking out. 확인해 볼 가치가 있는 두 이름을 더 자세히 살펴봅시다.

03 You will most probably _____ the recipe on your mobile phone or tablet. 여러분은 아마도 대부분 휴대 전화나 태블릿에서 그 조리법을 찾을 것이다.

04 We _____ our commitment and contribution in the field of renewable energy. 우리는 재생 에너지 분야에 대한 우리의 헌신과 기여로 잘 알려져 있다.

05 Was wearing the right clothes _____ listening to the right music a big thing for you?
올바른 음악을 듣는 것뿐만 아니라 올바른 옷을 입는 것이 여러분에게 중요한 일이었는가?

A 01 ~에 대해 불평[항의]하다, (고통·병의 상태를) 호소하다   02 무작위로, 임의로, 마구잡이로   03 전혀[결코] ~이 아닌, ~에서 멀리[먼], ~하기는커녕 오히려   04 ~으로(서) 알려져 있다   05 in need   06 feel free to *do*   07 all of a sudden   08 in the long run
B 01 work out   02 be worth   03 search for   04 are known for   05 as well as

281 **happen to** *do*　　　　우연히 ～하다　目 chance to *do*

Bill Boomer addressed a coaches' clinic I happened to be attending. **EBS**
Bill Boomer는 내가 우연히 참석한 코치들을 위한 단기 강좌에서 강연했다.

➕ happen upon　～을 우연히 발견하다

282 **depend on[upon]**　　　1. ～에 의존[의지]하다　目 rely on[upon], count on
　　　　　　　　　　　　　　　 2. ～에 달려 있다

The future of Earth depends on more people gathering together. **모평**
지구의 미래는 더 많은 사람이 모이는 것에 달려 있다.

➕ dependent on[upon]　～에 의존[의지]하는, ～에 달려 있는
　 depending on[upon]　～에 따라

283 **try one's best**　　　　최선을 다하다　目 do one's best

I tried my best to record the images of the beautiful icebergs in my mind. **교과서**
나는 내 마음속에 아름다운 빙산들의 모습을 기록하고자 최선을 다했다.

➕ try one's hand at　～을 시도해 보다

284 **by accident**　　　　우연히　目 accidentally, by chance

He got into writing and illustrating children's books almost by accident. **EBS**
그는 거의 우연히 아동 도서를 쓰고 삽화를 그리게 되었다.

➕ by accident or design　우연이든가 고의이든가
　 deliberately, intentionally, on purpose　고의로, 의도적으로

285 □□ **be familiar with**   《사람이》 ~에 익숙하다, ~을 잘 알다   ▣ be accustomed to

Few people outside the black community were familiar with their lives. 학평
흑인 사회 밖에 있는 사람들은 거의 그들의 삶에 익숙하지 않았다.

➕ be familiar to 《사물이》 ~에게 잘 알려져 있다

286 □□ **be afraid of**   ~을 두려워하다   ▣ fear

His teacher despaired of him and in many ways was even afraid of him. EBS
그의 선생님은 그에 대해 절망했고 여러 면에서 그를 두려워하기까지 했다.

➕ be afraid to *do* 두려워서 ~하지 못하다

287 □□ **provide A with B**   A에게 B를 공급[제공]하다   ▣ provide[supply/furnish] B for A

They knew that the place would provide them with energy and refreshment.
그들은 그 장소가 그들에게 에너지와 원기를 제공하리라는 것을 알았다.   모평

➕ provide for ~을 가능하게 하다, ~에 대해 준비하다
   be provided with ~이 공급[제공]되다

288 □□ **in vain**   헛되이, 허사가 되어   ▣ to no avail, fruitlessly, for nothing

The actions will likely involve sacrifices, but they may not be in vain.
그 조치에는 희생이 수반될 가능성이 높지만, 그것이 헛되지 않을 수도 있다.

DAY 15

289 in a row
연속[계속]해서, 잇달아
■ one after the other, consecutively, in succession

If I guessed ten cards in a row, you'd suspect a trick. EBS
내가 연속해서 10장의 카드를 맞히면, 당신은 속임수를 의심할 것이다.

290 participate in
～에 참여[참가]하다　■ take part in, engage in

You can either participate in the event or just stroll down the beach. EBS
여러분은 행사에 참여하거나 그냥 여유롭게 해변을 거닐 수 있습니다.

291 bump into
1. ～에 부딪치다　■ crash into
2. ～와 마주치다　■ encounter, come across, run into

1. You could bump into an oncoming bicycle. EBS
여러분은 다가오는 자전거에 부딪힐 수 있다.
2. They bump into each other randomly at coffee shops and in hallways. EBS
그들은 커피숍과 복도에서 서로 임의로 마주친다.

➕ bump up against ～와 부딪치다, ～에 직면하다

292 nothing but
오직 ～만, (단지) ～일 뿐인　■ only, merely, just

혼동

There was nothing but useless cornstalks in her sack. 모평
그녀의 자루에는 오직 쓸모없는 옥수수 줄기만 들어 있었다.

➕ do nothing but do ～하기만 하다

293 anything but
결코 ～이 아닌　■ by no means, not at all

At the busiest time of the year, the public will be anything but sympathetic.
연중 가장 바쁜 시기에 대중은 결코 동정적이지 않을 것이다.

---

294 □□ **take after**

1. ~을 닮다 ⊟ resemble, look like
2. ~을 (재빨리) 쫓아가다[오다]

1. I never imagined that my pet would take after me.
   나는 내 반려동물이 나를 닮으리라고는 상상도 하지 않았다.
2. When I looked back, I found out a big bull was taking after me.
   내가 뒤돌아보았을 때, 나는 커다란 황소가 나를 쫓아오고 있는 것을 알아차렸다.

---

295 □□ **be forced to** *do*

~할 수밖에 없다, ~하지 않을 수 없다
⊟ be compelled[obliged] to *do*

In Hanyuan County, China, farmers are forced to pollinate their fruit by hand.
중국의 한위안 현에서는 농부들이 손으로 직접 열매를 수분할 수밖에 없다. 교과서

➕ force A to *do* A에게 강제로 ~하게 하다

---

296 □□ **make use of**

~을 이용하다, ~을 활용하다
⊟ use, utilize, take advantage of

The explanations will have to make use of certain fundamental laws and principles. 학평
그 설명은 어떤 기본 법칙과 원리를 이용해야만 할 것이다.

➕ make good use of ~을 유용하게 사용하다
make free use of ~을 마음대로 쓰다[사용하다]

---

297 □□ **in contrast (to)**

(~와) 대조적으로, (~에) 반해서

In contrast to literature or film, tourism leads to 'real,' tangible worlds. 모평
문화 또는 영화와 대조적으로, 관광은 '실제적인' 감지할 수 있는 세계로 이어진다.

➕ in contrast with ~와 대조를 이루어   by contrast 대조적으로
contrast with ~와 대조를 이루다

298 **have an effect on**　　　~에 영향을 미치다
□□
　　■ have an influence[impact] on, influence, affect

A keystone species has a huge effect on the ecosystem where it lives. 〔교과서〕
핵심종은 그것 자신이 사는 생태계에 큰 영향을 미친다.

■ have an adverse effect on ~에 역효과를 미치다

299 **lose control of**　　　~을 통제하지 못하다, ~을 제어할 수 없게 되다
□□

Occasionally, losing control of your own schedule is unavoidable. 〔EBS〕
때로는 여러분 자신의 일정을 통제하지 못하는 것은 피할 수 없다.

■ have control of ~을 제어하다　　　　　lose control of oneself 분별력을 잃다

300 **distinguish A from B**　　A를 B와 구별하다　■ tell A from B
□□

The word "dog" groups together a certain class of animals and distinguishes
them from other animals. 〔수능〕
'개'라는 단어는 특정 부류의 동물들을 함께 그룹으로 나누고 그것들을 다른 동물들과 구별한다.

Review TEST

A 영어는 우리말로, 우리말은 영어로 쓰시오.

01 happen to *do* _____

02 provide A with B _____

03 be forced to *do* _____

04 in contrast to _____

05 최선을 다하다 _____

06 오직 ~만, (단지) ~일 뿐인 _____

07 연속[계속]해서, 잇달아 _____

08 ~을 이용하다, ~을 활용하다 _____

B 다음 문장의 빈칸에 들어갈 표현을 골라 알맞은 형태로 쓰시오.

depend on	be familiar with	bump into
anything but	have an effect on	lose control of

01 They didn't want to _____ their personal and business life.
그들은 개인 생활과 비즈니스 생활을 통제하지 못하는 것을 원하지 않았다.

02 The path for a Canadian immigrant has been _____ easy.
캐나다 이민자를 위한 그 길은 결코 쉽지 않았다.

03 We continued to _____ each other periodically throughout the
years. 우리는 수년 동안 주기적으로 서로를 계속 마주쳤다.

04 These criticisms will _____ the company's reputation in the long
run. 이러한 비판들은 장기적으로 그 회사의 평판에 영향을 미칠 것이다.

05 The type and amount of therapy received by an individual will _____
their condition. 개인이 받는 치료의 종류와 양은 그들의 상태에 달려 있다.

A **01** 우연히 ~하다 **02** A에게 B를 공급[제공]하다 **03** ~할 수밖에 없다. ~하지 않을 수 없다 **04** ~와 대조적으로, ~에 반
해서 **05** try one's best **06** nothing but **07** in a row **08** make use of
B **01** lose control of **02** anything but **03** bump into **04** have an effect on **05** depend on

---

301
□□ **protect A from B**

A를 B로부터 보호하다[막다]
🔁 protect A against B, guard A from B

He decided to use the money to protect Korea's cultural heritage from the Japanese. 교과서
그는 일본인으로부터 한국의 문화유산을 보호하는 데 그 돈을 쓰기로 결심했다.

➕ protect against ～을 예방하다, ～으로부터 보호하다

302
□□ **in turn**

1. **차례대로, 교대로** 🔁 one by one, in order, by turns
2. **결과적으로, 결국** 🔁 in the end, finally, eventually

1. They sang a serenade of welcome to each person in turn.
   그들은 한 사람씩 차례대로 환영의 세레나데를 불렀다.

2. Structure affects agency, and agency, in turn, can change the dimensions of a structure. EBS
   구조가 행위 주체에 영향을 미치고, 행위 주체는 결국 구조의 특성을 바꿀 수 있다.

➕ in return 보답으로, 응답으로

303
□□ **other than**

1. **～ 외에, ～을 제외하고** 🔁 apart[aside] from, except
2. **～와 다른, ～이 아닌** 🔁 different from

1. He won't have a clue other than weight and maybe overall size. 수능
   그는 무게와 아마도 전체적인 크기 외에 아무런 단서도 찾지 못할 것이다.

2. Let's choose from the rooms other than the Snow White theme. EBS
   백설공주 테마가 아닌 방들 중에서 고릅시다.

➕ none other than 다름 아닌 바로 ～인

304 succeed in   ~에 성공하다

혼동

Such manipulation succeeds in altering the audience's decisions or judgments.
그러한 조작은 청중의 결정이나 판단을 바꾸는 것에 성공한다. 교과서

➕ be successful in ~에 성공하다

305 succeed to   ~을 물려받다, ~을 계승[승계]하다 🔁 take over, inherit

I remained with the family that succeeded to the business.
나는 그 사업을 물려받은 가족과 함께 남았다.

➕ succeed to a throne 왕위를 계승하다

DAY 16

306 concentrate on   ~에 집중하다 🔁 focus on

Tatum concentrated on the piano and was soon performing on local radio programs. EBS
Tatum은 피아노에 집중했고 곧 지역 라디오 프로그램에서 연주를 하게 되었다.

➕ concentrate fully on ~에 완벽히 집중하다   concentrate A on B A를 B에 집중시키다

307 when it comes to   ~에 관한 한, ~에 관해서라면 🔁 as for

Speed, when it comes to behavior, almost always equals fear. 학평
행동에 관한 한 속도는 거의 항상 두려움과 같다.

308 sooner or later   조만간, 머지않아
🔁 before long, in the near future, early or late

Sooner or later, we are going to run out of fossil fuels. 교과서
조만간 우리는 화석 연료를 다 써 버릴 것이다.

---

309 □□ **add to**

1. ~을 늘리다[증가시키다] **国** increase
2. ~에 추가하다

1. Anybody can add to the slack-time list. `EBS`
누구든 한가한 시간의 목록을 늘릴 수 있다.

2. You can add to a learning history, but you cannot subtract from it. `EBS`
당신은 학습 이력에 추가할 수는 있지만, 그것에서 뺄 수는 없다.

+ add up to 결국 ~이 되다   add A to B B에 A를 더하다[추가하다]

---

310 □□ **be accustomed to -ing**

~하는 데 익숙하다 **国** be used to -ing

Biologists and doctors are accustomed to collecting, analyzing, and interpreting huge datasets. `교과서`
생물학자들과 의사들은 엄청난 양의 데이터 세트를 수집하고 분석하고 해석하는 데 익숙하다.

+ get accustomed to -ing ~하는 데 익숙해지다

---

311 □□ **on and on**

계속해서, 쉬지 않고 **国** continuously

He rubs the sticks on and on to make a fire, but he's very impatient. `학평`
그가 불을 피우기 위해 나뭇가지를 계속해서 문지르지만, 그는 매우 참을성이 없다.

+ on and off 때때로, 불규칙하게

---

312 □□ **be apt to *do***

1. ~하는 경향이 있다
   国 tend to *do*, be liable[prone] to *do*, be inclined to *do*
2. ~할 것 같다 **国** be likely to *do*

1. This is apt to result in increased effort and persistence. `EBS`
이것은 노력과 끈기의 강화로 귀결되는 경향이 있다.

2. The temperature is dropping, so it is apt to snow in the mountains soon.
기온이 떨어지고 있어서, 곧 산에 눈이 내릴 것 같다.

+ be apt for ~에 적합하다

313 in effect

1. 실제로, 사실상 🔁 in fact, actually, in reality
2. 시행 중인, 발효 중인 🔁 in force

1. In effect, we put a differing value on different forms of energy. 학평
   사실상, 우리는 다른 형태의 에너지에 다른 가치를 부여한다.

2. In whole or in part, the law is now in effect.
   그 법의 전부 또는 일부가 현재 시행 중이다.

314 back and forth

앞뒤로, 왔다갔다, 여기저기 🔁 to and from, from side to side

If the floor is uneven, your washing machine may shake back and forth. EBS
바닥이 평평하지 않으면, 당신의 세탁기가 앞뒤로 흔들릴 수도 있다.

DAY
16

315 make an effort

노력하다 🔁 make efforts, strive, endeavor

He always noted observations and made an effort to investigate them. 교과서
그는 항상 관찰 정보에 주목했고 그것들을 조사하려고 노력했다.

316 in harmony (with)

(~와) 조화를 이루며, (~와) 협조하여

People can adjust their own behavior to be in harmony with the group. 모평
사람들은 집단과 조화를 이루도록 자신들의 행동을 조정할 수 있다.

317 stop by

~에 (잠깐) 들르다 🔁 visit, drop by, call in

Stop by our website and start virtual volunteering today! EBS
우리 웹 사이트에 들러서 오늘 온라인 자원봉사 활동을 시작하세요!

318
□□ **out of the question**　　불가능한, 논외의 **틝** impossible

Driving is out of the question as long as the engine is broken.
엔진이 고장 난 이상 운전은 불가능하다.

➕ out of question 틀림없이, 물론　　　　　in question 논의되고 있는, 해당하는, 불확실한

319
□□ **cut off**
　　　　1. ～을 잘라내다, ～을 베다 **틝** cut out, cut down
　　　　2. ～을 가로막다 **틝** block, interrupt
　　　　3. (전기·수도 등을) 끊다[중단시키다] **틝** disconnect, shut off

1. He simply cut off a generous piece of the meat and handed it to me.
　그는 그저 넉넉한 고기 한 조각을 잘라 내어서 그것을 나에게 건네주었다.

2. Elderly people are increasingly cut off various activities. 모평
　노인들은 점점 더 다양한 활동에서 단절되고 있다.

3. You may suffer if the water supply is cut off.
　물 공급이 중단되면 당신은 어려움을 겪을 수도 있다.

320
□□ **blame A for B**
　　　　1. B에 대해 A를 비난하다
　　　　2. B를 A의 탓으로[책임으로] 돌리다

1. They may blame us for our wasteful ways. 수능
　그들은 우리의 낭비하는 방식에 대해 우리를 비난할 수도 있다.

2. In a pre-scientific world, it was logical to blame their neighbors for their illness. 학평
　과학 이전의 세계에서는 자신의 병을 이웃 탓으로 돌리는 것이 논리적이었다.

➕ blame A on B A를 B의 책임으로 보다　　　be blamed for ～ 때문에 비난받다
　be to blame for ～에 대해 책임이 있다

A 영어는 우리말로, 우리말은 영어로 쓰시오.

01 protect A from B _____

02 other than _____

03 be apt to *do* _____

04 blame A for B _____

05 ~을 물려받다, ~을 계승[승계]하다 _____

06 조만간, 머지않아 _____

07 실제로, 사실상, 시행 중인, 발효 중인 _____

08 ~에 (잠깐) 들르다 _____

B 다음 문장의 빈칸에 들어갈 표현을 골라 알맞은 형태로 쓰시오.

concentrate on	when it comes to	be accustomed to
cut off	out of the question	back and forth

01 Each participant of the team passed a basketball _____.
그 팀의 각 참가자는 농구공을 이리저리 패스했다.

02 Many people with trouble sleeping _____ staying up late.
잠들기 힘든 많은 사람은 늦게까지 자지 않는 것에 익숙해 있다.

03 It is often _____ for one to have a quiet meal with kids around.
아이들과 함께 조용히 식사를 하는 것은 종종 불가능하다.

04 It is up to her to _____ her studies and make something of
herself. 자신의 학업에 집중하고 스스로 무언가를 만들어 내는 것은 그녀에게 달려 있다.

05 We know we should reduce fat intake but that doesn't help _____
eating. 우리는 지방 섭취를 줄여야 한다는 것을 알지만, 먹는 것에 관한 한 그것은 도움이 되지 않는다.

A 01 A를 B로부터 보호하다[막다] 02 ~ 외에, ~을 제외하고, ~와 다른, ~이 아닌 03 ~하는 경향이 있다, ~할 것 같다
04 B에 대해 A를 비난하다, B를 A의 탓으로[책임으로] 돌리다 05 succeed to 06 sooner or later 07 in effect
08 stop by
B 01 back and forth 02 are accustomed to 03 out of the question 04 concentrate on 05 when it comes to

321 **pay off**
□□
1. (빚 등을) 완전히 갚다, 청산하다 🔁 repay, pay back
2. 성과를 올리다, 성공하다 🔁 succeed

1. It will take you two years to pay off that loan.
당신이 그 대출금을 다 갚는 데 2년이 걸릴 것이다.

2. It is evident that his commitment is, quite literally, paying off. 교과서
그의 헌신이, 그야말로, 성과를 올리고 있음이 명백하다.

322 **on purpose**
□□
고의로, 일부러, 의도적으로
🔁 deliberately, intentionally, purposely

Sometimes kids say or do something on purpose, knowing it will hurt us.
때때로 아이들은 그것이 우리에게 상처가 될 것을 알면서도 고의로 뭔가를 말하거나 행동한다.

323 **run into**
□□
1. ~와 우연히 만나다 🔁 come across, bump into
2. ~에 충돌하다 🔁 hit, crash into, bump into
3. (곤경 등을) 맞닥뜨리다, 겪다 🔁 face, encounter

1. Jason was glad to run into his old friend Jennifer. 모평
Jason은 자신의 옛 친구 Jennifer를 우연히 만나서 기뻤다.

2. The car lost control on the icy road and ran into a tree.
그 차는 빙판길에서 통제력을 잃고 나무에 충돌했다.

3. The application of this 'scientific method' often ran into difficulties. EBS
이런 '과학적 방법'의 적용은 자주 어려움에 맞닥뜨렸다.

324 **at all cost(s)**
□□
어떤 일이 있어도, 무슨 수를 써서라도
🔁 at any cost, at any price

You should avoid being medical school class president at all costs. 학평
여러분은 무슨 수를 써서라도 의대 학년 대표가 되는 것을 피해야 한다.

325 be tired of   ～에 싫증이 나다 **目** be sick of, be fed up with

혼동

I'm so tired of all the think-tank meetings and nothing creative occurs to me.
모든 싱크탱크 회의에 너무 싫증이 나서 창의적인 어떤 것도 내게 떠오르지 않는다.   **EBS**

326 be tired from   ～으로 피곤하다[지치다]

Going to the second practice was challenging because we were all tired from the heat.
우리 모두가 더위로 지쳐서 2차 연습을 하는 것은 힘들었다.

DAY
17

327 in person   직접, 몸소 **目** personally

She couldn't wait to finally see his masterpiece in person. **모평**
그녀는 마침내 그의 걸작을 직접 보기를 열망했다.

328 make a difference   변화를 가져오다, 영향을 미치다 **目** change, have an impact

Small efforts we make in our daily lives can make a difference. **교과서**
우리가 일상 속에서 하는 작은 노력이 변화를 가져올 수 있다.

329 on a regular basis   정기적으로, 규칙적으로 **目** regularly

They used plant-based dietary supplements on a regular basis. **EBS**
그들은 정기적으로 식물성 건강 보조 식품을 이용했다.

➕ on a partial basis 부분적으로

330 **stand for**

1. ~을 상징하다, ~을 나타내다[의미하다]
   ➡ symbolize, represent
2. ~을 옹호하다[지지하다] ➡ support

1. A natural object comes to stand for a tribe or a social group. **EBS**
   자연계의 사물이 어떤 부족이나 사회 집단을 상징하게 된다.
2. We asked her followers what they thought she stood for. **EBS**
   우리는 그녀의 부하 직원들에게 그녀가 옹호하는 것이 무엇이라고 생각하는지 물어봤다.

331 **pile up**

~을 쌓다[축적하다], 쌓이다 ➡ accumulate

When you pile up all the books, the height reaches 32 meters. **교과서**
그 책들을 모두 쌓으면 그 높이는 32미터에 이른다.

332 **replace A with B**

A를 B로 대체[대신]하다
➡ substitute A with B, substitute B for A

He replaced the new white sheet with a similar looking white sheet. **학평**
그는 흰 새 보자기를 비슷하게 생긴 흰 보자기로 교체했다.

➕ A be replaced with B A가 B로 대체되다

333 **be attached to**

1. ~에 부착되어 있다
2. ~에 애착[애정]을 가지다

1. Tiny emergency boxes are attached to building exteriors. **EBS**
   작은 구급상자들이 건물 바깥면에 부착되어 있다.
2. Its consumers will be attached to the store brand. **EBS**
   그것의 소비자는 그 상점 브랜드에 애착을 갖게 될 것이다.

➕ attach A to B A를 B에 부착하다[붙이다]　　　　detach A from B A를 B에서 떼다[탈착하다]

334 devote oneself to

~에 헌신[전념]하다

目 dedicate[apply] oneself to, be devoted[dedicated/committed] to

All his life, he devoted himself to discovering the essence of Korean beauty.
평생 동안, 그는 한국적인 아름다움의 정수를 발견하는 데 헌신했다. 교과서

335 head for

~으로 향하다[향해 나아가다] 目 go towards

Each autumn, millions of salmon head for the west coast of North America.
매년 가을 수백만의 연어가 북미의 서쪽 해안으로 향한다. EBS

➕ have a head for ~에 능하다[밝다]

DAY
17

336 at (the) most

기껏해야, 최대 目 at the maximum, not more than

A human can deliver at most about 75 watts of energy. EBS
인간은 최대 약 75와트의 에너지를 전달할 수 있다.

337 adjust to

~에 적응하다, ~에 순응하다 目 adapt to

A body of knowledge helps people adjust to the many demands of life. 학평
일체의 지식은 사람들이 삶의 많은 요구에 적응하도록 돕는다.

338 before long

곧, 머지않아, 얼마 후 目 soon, shortly, in a little while

Before long, bitterness divided the twins. 학평
얼마 후 적대감이 그 쌍둥이를 갈라놓았다.

➕ long before 훨씬 이전에   it won't be long before 곧 ~할 것이다

339
☐☐ **on one's way (to)**　　(〜으로) 가는[오는] 도중에

I was on my way to the library to do some research for the art assignment.

나는 미술 과제를 위한 조사를 하기 위해 도서관에 가는 도중이었다.

➕ on the way　도중에

340
☐☐ **be obsessed with[by]**　　〜에 사로잡혀 있다, 〜에 빠져 있다, 〜에 집착하다

She was obsessed with worries that she was an unfashionable writer.

그녀는 자신이 유행에 뒤떨어진 작가라는 걱정에 사로잡혀 있었다.

A 영어는 우리말로, 우리말은 영어로 쓰시오.

01 at all costs   _____

02 make a difference   _____

03 replace A with B   _____

04 on one's way to   _____

05 고의로, 일부러, 의도적으로   _____

06 정기적으로, 규칙적으로   _____

07 ~을 쌓다[축적하다], 쌓이다   _____

08 곧, 머지않아, 얼마 후   _____

B 다음 문장의 빈칸에 들어갈 표현을 골라 알맞은 형태로 쓰시오.

run into	be tired of	stand for
be attached to	devote oneself to	be obsessed with

01 Together, we will help those who _____ being in poverty.
함께 우리는 빈곤한 것에 진저리가 난 사람들을 도울 것이다.

02 When the crew arrived, they reported having _____ a violent
storm. 선원들이 도착했을 때, 그들은 자신들이 격렬한 폭풍우를 만났다고 보고했다.

03 This new lock is a small, portable lock which _____ a bicycle
frame. 이 신형 자물쇠는 자전거 프레임에 부착되는 작고 휴대하기 좋은 자물쇠이다.

04 In color theory, those colors _____ urgency, unity, freedom, and
power. 색채 이론에서 그런 색들은 긴박함, 단결, 자유, 그리고 힘을 상징한다.

05 In a nation that _____ education, no amount of schoolwork is
ever enough. 교육에 집착하는 나라에서는 아무리 많은 학교 공부를 해도 충분하지 않다.

A 01 어떤 일이 있어도, 무슨 수를 써서라도 02 변화를 가져오다, 영향을 미치다 03 A를 B로 대체[대신]하다 04 ~으로 가는
[오는] 도중에 05 on purpose 06 on a regular basis 07 pile up 08 before long
B 01 are tired of 02 run into 03 is attached to 04 stand for 05 is obsessed with

---

341 **account for**

1. ~을 설명하다 ⊟ explain
2. ~을 차지하다
   ⊟ occupy, take[make] up, constitute
3. ~의 원인이다[원인이 되다]

1. Legal "traditions" do not account for much of the current content of law.
   법의 '전통'이 현행법 내용의 많은 부분을 설명하지는 않는다. `EBS`

2. The group of university graduates aged 22 to 24 accounted for the largest single share. `모평`
   22세에서 24세 사이의 대학 졸업생 집단은 두 번째로 가장 큰 단일 비율을 차지했다.

3. The heavy rainfall could account for the flooding in the streets.
   폭우는 도로가 침수되는 것의 원인이 될 수 있다.

---

342 **in particular**

특히, 특별히 ⊟ particularly, especially

Chilies, in particular, are an essential ingredient for many spicy Korean dishes.
특히 고추는 한국의 많은 매콤한 요리에 필수적인 재료이다. `교과서`

---

343 **dispose of**

1. ~을 버리다, ~을 처리[처분]하다
   ⊟ get rid of, do away with, throw away
2. ~을 해결하다 ⊟ (re)solve, fix

1. Some cities have required households to dispose of all waste in special trash bags. `수능`
   일부 도시는 가정이 모든 쓰레기를 특별 쓰레기봉투에 담아 버리도록 요구해 왔다.

2. It's time to dispose of an age-old question.
   이제 오래된 질문을 해결할 시간이다.

---

344 **make up one's mind**   마음을 정하다, 결심하다 ⊟ decide

It wasn't an easy decision, but I've made up my mind. `EBS`
그것이 쉬운 결정은 아니었지만 나는 마음을 정했다.

➕ make up one's mind to *do* ~하기로 결심하다

345 **out of place**

1. 제자리에 있지 않은
2. (상황에) 맞지 않는, 부적절한 ▤ unsuitable

1. There is not a single strand of fur out of place. 교과서
   털 한 가닥도 흐트러진 것이 없다.

2. One word out of place can put lives at risk.
   부적절한 말 한마디가 목숨을 위태롭게 할 수 있다.

346 **hold out**

1. (손 등을) 내밀다, 뻗다 ▤ extend, reach out
2. 버티다[견디다], 저항하다 ▤ resist, withstand
3. (가능성·희망 등을) 보이다, 드러내다

1. He held out his hand to save the woman.
   그는 그 여자를 구하기 위해 자신의 손을 내밀었다.

2. Her survival skills allowed her to hold out in the wilderness.
   그녀의 생존 기술은 그녀가 황야에서 버틸 수 있게 했다.

3. Nutrition science held out the promise of improved health for all. EBS
   영양학은 모두를 위한 건강 증진의 가능성을 보였다.

➕ hold out for ~을 끝까지 요구하다

347 **in search of**

~을 찾아서, ~을 추구하여 ▤ in pursuit of

Many explorers began long sea voyages in search of spices. 교과서
많은 모험가가 향신료를 찾아서 긴 항해를 시작했다.

➕ search for ~을 찾다, ~을 탐색[검색]하다

348 **be true of**

~에 적용되다, ~에 해당하다

This is true of many, if not all, parts of the country.
이것은 그 나라의 모든 지역은 아니더라도 많은 지역에 적용된다.

➕ the same is true of ~도 마찬가지다

349 be anxious for[to *do*]   ~(하는 것)을 몹시 원하다[열망하다]   ■ be eager for[to *do*]

혼동

The promoters of concerts and operas were anxious to display her talents.
콘서트와 오페라의 기획자들은 그녀의 재능을 보여 주기를 몹시 원했다.   EBS

---

350 be anxious about   ~을 걱정[염려]하다   ■ be worried[concerned] about

Residents of rural areas are anxious about their poor health maintenance.
농촌 지역의 주민들은 자신들의 열악한 건강 관리를 걱정한다.

---

351 fix up

1. ~을 수리하다   ■ repair
2. (약속 등을) 정하다   ■ arrange

1. I need your help to fix up a few things in the museum.
나는 박물관의 몇 가지 물건을 수리하는 데 너의 도움이 필요하다.

2. I was easily able to fix up a date to visit my parents.
나는 부모님을 방문할 날짜를 쉽게 정할 수 있었다.

■ fix up with ~을 마련해 주다, ~을 소개해 주다

---

352 at hand

1. (시간·거리상) 가까이에 (있는)
2. 언제든지 쓸 수 있게

1. I know there are more pressing matters at hand.   교과서
나는 더 긴급한 문제들이 가까이에 있다는 것을 알고 있다.

2. Experts explain why we still need to keep masks at hand.
전문가들은 우리가 여전히 마스크를 언제든지 쓸 수 있게 두어야 하는 이유를 설명한다.

■ near[close] at hand (시간·거리상으로) 가까이에 (있는)

353 leave out

1. ~을 소외시키다
2. ~을 빼다[생략하다] ▣ omit, exclude, eliminate

1. The customers that provide the information are left out. 교과서
정보를 제공하는 고객들은 소외된다.

2. Should a salesperson leave out facts about a product's poor safety record?
판매원은 어떤 제품의 불량한 안전 기록에 관한 사실을 생략해야 하는가? 모평

➕ leave A out of B A를 B에서 배제[제외]하다

354 (just) in case

(혹시라도) ~할 경우를 대비하여

Shall we take some blankets just in case it gets cold in the evening? EBS
혹시라도 저녁때 추워질 경우를 대비하여 담요를 좀 가져가야 할까요?

➕ in case of ~의 경우에

DAY
18

355 hang up

1. 전화를 끊다
2. (옷 등을) 걸다, 걸려 있다

1. The line was busy, so I hung up and waited a few minutes.
통화 중이어서 나는 전화를 끊고 몇 분 기다렸다.

2. I hung up our baby's name, PAUL, above the sofa on the wall. EBS
나는 우리 아기의 이름 PAUL을 소파 위의 벽에 걸어 놓았다.

➕ hang up on ~의 전화를 갑자기 끊다

356 on the spot

1. 즉각, 즉석에서 ▣ immediately, instantly, at once, right away
2. 현장에서 ▣ on site, on the ground

1. I went in for the interview and got the job on the spot.
나는 면접을 보러 들어갔고 즉석에서 취직되었다.

2. The police were on the spot within a few minutes.
경찰은 몇 분 만에 현장에 도착했다.

---

357 be faced with   ~에 직면하다, ~와 마주치다

We are often faced with high-level decisions, where we are unable to predict the results of those decisions. 학평
우리는 종종 높은 수준의 결정에 직면하는데, 거기에서 우리는 그 결정의 결과를 예측할 수 없다.

---

358 at a distance   멀리서, 멀리 떨어져, 거리를 두고

We are asked to watch the actions as if they were taking place at a distance.
우리는 사건들이 멀리서 일어나고 있는 것처럼 그것들을 바라보도록 요청받았다. 학평

➕ keep ~ at a distance   ~을 가까이 하지 않다

---

359 upside down   거꾸로, 뒤집혀

How do flies hold on, even when they are (hung) upside down? EBS
거꾸로 (매달려) 있을 때도 파리는 어떻게 계속 붙어 있는가?

➕ turn ~ upside down   ~을 엉망으로 만들다, ~을 거꾸로 뒤집어 놓다

---

360 refer to A as B   A를 B라고 언급하다[부르다]

Some call it space trash, others refer to it as space junk. 교과서
어떤 사람들은 그것을 우주 쓰레기라고 부르고, 다른 사람들은 그것을 우주 폐품이라고 부른다.

➕ be referred to as   ~라고 불리다

A 영어는 우리말로, 우리말은 영어로 쓰시오.

01 in particular _____

02 hold out _____

03 be anxious for _____

04 on the spot _____

05 마음을 정하다, 결심하다 _____

06 ~에 적용되다, ~에 해당하다 _____

07 ~을 찾아서, ~을 추구하여 _____

08 A를 B라고 언급하다 _____

B 다음 문장의 빈칸에 들어갈 표현을 골라 알맞은 형태로 쓰시오.

account for	dispose of	out of place
be anxious about	leave out	be faced with

01 Nobody was able to _____ the error.
아무도 그 오류에 대해 설명할 수 없었다.

02 Life is unkind and at times we all seem to be a little _____.
인생은 불친절하고 때때로 우리 모두는 약간 제자리에 있지 않은 것 같다.

03 When writing the body, you should consciously _____
unnecessary details. 본문을 쓸 때 불필요한 세부 사항을 의식적으로 배제해야 한다.

04 There is continuing discussion about how the case should
be _____. 그 사건이 처리되어야 하는 방식에 관한 논의가 계속되고 있다.

05 It wasn't just her family members who _____ her safety and
health. 그녀의 안전과 건강을 염려하는 것은 그녀의 가족 구성원뿐만이 아니었다.

A **01** 특히, 특별히 **02** (손 등을) 내밀다, 뻗다, 버티다[견디다], 저항하다, (가능성·희망 등을) 보이다, 드러내다 **03** ~을 몹시 원
하다[열망하다] **04** 즉각, 즉석에서, 현장에서 **05** make up one's mind **06** be true of **07** in search of
08 refer to A as B

B **01** account for **02** out of place **03** leave out **04** disposed of **05** were anxious about

361 be associated with　　～와 관련[연관]되다　目 be related to, be concerned with

Regional styles of speech have always been associated with regional styles of buildings. 〔학평〕
말의 지역적 스타일은 건물의 지역적 스타일과 항상 관련되어 왔다.

➕ associate A with B A를 B와 관련[연관]시키다

362 in itself　　그 자체로, 본질적으로　目 in its own nature

Change internal to the legal system cannot in itself bring about large social consequences. 〔EBS〕
법 체제의 내부 변화는 그 자체로 큰 사회적 결과를 가져올 수 없다.

➕ of itself 자연히, 저절로　　　　　by itself 단독으로
　in and of itself 그것 자체는

363 hand down　　～을 전수하다, ～을 물려주다　目 pass down

These recipes are often handed down from the mother of the family to her children. 〔교과서〕
이런 조리법들은 흔히 가족의 어머니로부터 그녀의 자녀들에게 전수된다.

364 in detail　　상세히, 자세히

After you fill in the form, I'll describe them in detail. 〔EBS〕
양식을 작성하신 후에, 제가 그것들을 자세히 설명하겠습니다.

365 **cheer up**

1. 기운을 내다 🔄 chin up, lighten up
2. 격려하다, ~의 기운을 북돋우다
🔄 encourage, lift[raise] one's spirits

1. Don't let this setback get you down; cheer up and keep moving forward.
이 좌절감에 실망하지 말고 기운 내서 계속 앞으로 나아가세요.

2. When he saw John in tears, he went to cheer him up. 학평
그는 John이 울고 있는 것을 보았을 때 그를 격려하러 갔다.

➕ cheer for ~을 응원하다

366 **by means of**

~에 의하여, ~을 사용하여
🔄 through, with the help[use] of

New words are often created by means of metaphor. 교과서
새로운 단어들은 비유를 사용하여 만들어지는 경우가 많다.

➕ by all means 반드시, 꼭   by no means 결코 ~이 아닌

367 **be aimed at**

~을 목표로 하다, ~을 대상으로 하다

Other forms of corrupt behavior might be specifically aimed at reelection. EBS
다른 형태의 부패 행위는 특히 재선을 목표로 하는 것일 수도 있다.

➕ aim at ~을 겨냥하다, ~을 목표로 삼다

368 **accuse A of B**

1. A를 B로 비난하다 🔄 blame A for B
2. A를 B로 고발[기소]하다 🔄 charge A with B

1. No-one is going to accuse them of being unscientific. EBS
아무도 그들을 비과학적이라고 비난하지 않을 것이다.

2. The prosecutor accused the defendant of murder and presented the evidence to the court.
검사는 피고인을 살인으로 기소하고 증거를 법정에 제출했다.

➕ be accused of ~으로 비난을 받다, ~으로 고소되다

369 fit in
1. ~에 꼭 들어맞다, ~에 맞게 들어가다
2. 어울리다, 적응하다

1. A large fish tank won't fit in my living room. EBS
큰 수조는 내 거실에 맞지 않을 것이다.
2. He had some friends who had trouble fitting in at school. 교과서
그는 학교 생활에 적응하는 데 어려움을 겪는 몇몇 친구들이 있었다.

➕ fit in with ~와 어울리다   fit into ~에 꼭 들어맞다, ~에 적응하다

370 come to mind
생각이 나다, 생각이 떠오르다 ⊟ spring to mind

What are the first words which come to mind to describe the applicant?
그 지원자를 설명하는 데 떠오르는 첫 단어들이 무엇인가요?

371 be made up of
~으로 구성되다, ~으로 이루어지다
⊟ consist of, be composed of

A traditional mariachi group is made up of two or more members. 교과서
전통적 마리아치 그룹은 2인 이상의 단원으로 구성된다.

➕ be made of ~으로 만들어지다

372 out of order
1. 고장 난 ⊟ broken
2. 정리가 안 된, 어지럽혀진
3. (규칙 등에) 어긋나는, 도리를 벗어난 ⊟ improper, wrong

1. The air conditioner was out of order on the hottest day of the year.
일 년 중 가장 더운 날에 에어컨이 고장 났다.
2. The dog ran through the house, putting everything out of order.
그 개는 모든 것을 어지럽히면서 집을 뛰어다녔다.
3. Parking in a handicapped space without a proper permit is definitely out of order.
제대로 된 허가 없이 장애인 전용 구역에 주차하는 것은 명확히 규칙에 위배된다.

373 make room for   ~을 위한 자리를 만들다

People have continuously destroyed rainforests to make room for the production of palm oil. 교과서

사람들은 팜유를 생산하기 위한 자리를 만들기 위해 계속해서 열대 우림을 파괴해 왔다.

374 approve of   ~을 승인[인정]하다, ~을 찬성하다 ▤ admit, consent to

We tend to approve of an idea if we thought of it first. 학평

만약 우리가 어떤 생각을 먼저 생각해 냈다면 우리는 그것을 인정하려는 경향이 있다.

➕ disapprove of ~을 반대하다

DAY
19

375 every other day   하루걸러, 격일로, 이틀마다

They leave a pile of garbage at my doorstep almost every other day. EBS

그들은 거의 하루걸러 우리 집 문간에 쓰레기 더미를 둔다.

➕ every other week[month] 격주로[격월로]

376 at ease   (마음이) 편안한 ▤ comfortable, relaxed

혼동

A calm environment is essential to feel at ease in our office.

차분한 환경은 우리의 사무실에서 편안하게 느끼는 데 필수적이다.

377 with ease   쉽게, 간단히 ▤ easily

Harrison tore off his chains with ease and dropped them on the floor. 교과서

Harrison은 쉽게 사슬을 떼어 내어 그것들을 바닥에 떨어뜨렸다.

➕ with comparative ease 비교적 쉽게   with comfort and ease 평안하게

378
□□ **hold back**

1. (감정 등을) 억제하다[참다]
   = suppress, control, repress, restrain
2. 방해하다[막다] **=** interrupt, disturb
3. 숨기다, 비밀로 하다 **=** hide, conceal, cover up

1. It was no use trying to hold back the tears. 교과서
   눈물을 참으려 노력해도 소용없었다.

2. The financial crisis is holding back economic recovery.
   금융 위기가 경제 회복을 방해하고 있다.

3. The spy had to hold back classified information to protect national security.
   그 스파이는 국가 안보를 보호하기 위해 기밀 정보를 숨겨야 했다.

379
□□ **leave ~ behind**

1. (의도적으로) ~을 두고 가다[오다]
2. ~을 깜박 잊고 가다[오다]

1. I'll leave my earphones behind to give my brain a rest. EBS
   나는 뇌를 쉬게 하기 위해 이어폰을 두고 나갈 것이다.

2. I accidentally left my keys behind at the coffee shop this morning.
   나는 오늘 아침에 실수로 커피숍에 열쇠를 두고 왔다.

+ leave ~ alone 혼자 남겨 두다　　　　　　leave out 빼다, 배제하다

380
□□ **set aside**

1. 따로 떼어 두다, 비축하다
   = lay aside, reserve, store, save
2. 제쳐 두다, 한쪽으로 치워 놓다
   = lay aside, disregard, ignore

1. A part of an animal's territory may be set aside for waste. 모평
   동물 영역의 한 부분은 배설물을 위해 따로 떼어질 수도 있다.

2. It is impossible to set aside personal values and retain complete objectivity.
   개인적 가치를 제쳐 두고 완전한 객관성을 유지하는 것은 불가능하다. EBS

Review TEST

A 영어는 우리말로, 우리말은 영어로 쓰시오.

01 hand down _____

02 accuse A of B _____

03 out of order _____

04 set aside _____

05 상세히, 자세히 _____

06 생각이 나다, 생각이 떠오르다 _____

07 ～을 위한 자리를 만들다 _____

08 (마음이) 편안한 _____

B 다음 문장의 빈칸에 들어갈 표현을 골라 알맞은 형태로 쓰시오.

be associated with	by means of	be aimed at
be made up of	approve of	hold back

01 The parents of both parties initially didn't _____ their wedding plans. 양가의 부모님들은 처음에 그들의 결혼 계획을 찬성하지 않았다.

02 The area _____ diverse ethnic groups.
그 지역은 다양한 인종 집단으로 구성되어 있다.

03 The information is transmitted _____ the printed word or over the air. 정보는 인쇄된 단어에 의해 또는 무선으로 전송된다.

04 Different chemicals have _____ a variety of mental disorders.
서로 다른 화학 물질이 다양한 정신 장애와 관련이 있어 왔다.

05 Soldiers and police were unable to _____ the crowd of angry protesters. 군인과 경찰은 성난 시위대의 군중을 저지할 수 없었다.

A 01 ～을 전수하다, ～을 물려주다 02 A를 B로 비난하다, A를 B로 고발[기소]하다 03 고장 난, 정리가 안 된, 어지럽혀진, (규칙 등에) 어긋나는, 도리를 벗어난 04 따로 떼어 두다, 비축하다, 제쳐 두다, 한쪽으로 치워 놓다 05 in detail 06 come to mind 07 make room for 08 at ease
B 01 approve of 02 is made up of 03 by means of 04 been associated with 05 hold back

---

381 **put up with**　　　～을 참다, ～을 견디다　☐ endure, stand, tolerate, bear

They just put up with their illnesses and many of them died. 교과서
그들은 그저 아픔을 참았고 그중 많은 사람이 목숨을 잃었다.

---

382 **no more than**　　　겨우, 단지　☐ only

Scientific explanations are no more than provisional hypotheses. EBS
과학적 설명은 단지 잠정적인 가설일 뿐이다.

➕ no less than ～만큼이나 (많은), 자그마치　　　not more than 많아야, 최대한

---

383 **regard A as B**　　　A를 B로 여기다[생각하다]
　　　☐ think of A as B, look upon A as B, consider[view] A as B

We instantly regard the screwdriver we are holding as "our" screwdriver. 모평
우리는 즉시 우리가 들고 있는 드라이버를 '자신의' 드라이버로 여긴다.

➕ be regarded as ～으로 여겨지다

---

384 **out of mind**　　　마음에 없는, 잊힌, 정신이 없는

혼동

Out of sight, out of mind.
눈에 보이지 않으면 마음에서도 멀어진다.

➕ times out of mind 아득한 옛날부터

---

385 **out of one's mind**　　　제정신이 아닌, 몹시 흥분해서　☐ out of one's head, insane

Then, for a few seconds or minutes, he went out of his mind.
그러고는 몇 초 또는 몇 분 동안 그는 제정신이 아니었다.

386
help out

도와주다, 거들다

You can get paid to help out at events at performing arts centers, concert venues, and theaters. EBS
공연 예술 센터, 콘서트장, 극장에서 열리는 행사에서 여러분은 돈을 받고 도와줄 수 있다.

387
be fond of

~을 좋아하다 ▣ like, love

All members of a community are fond of their personal autonomy. 수능
공동체의 모든 구성원은 개인의 자율성을 좋아한다.

388
give it a try

시도하다, 한번 해 보다 ▣ give it a go[shot]

We are not sure we will be able to win a suit, but we should at least give it a try.
우리가 소송에서 이길 수 있을 것이라고 확신하지는 않지만, 적어도 시도는 해 봐야 한다.

389
by way of

1. ~으로서, ~을 위해
2. ~을 거쳐서[경유해서] ▣ via, through

1. By way of analogy, animal expressions draw on the similarities between animals and humans. 교과서
   비유의 형태로, 동물 표현은 동물과 인간 사이의 유사성을 이용한다.

2. I'm flying to Australia by way of Hawaii.
   나는 하와이를 경유하여 호주로 비행하고 있다.

➕ by means of 《수단·방법》 ~으로써, ~을 사용하여

---

390 line up

1. 한 줄로 서다[세우다] ■ array
2. 준비하다, 마련하다 ■ arrange, prepare

1. We walked out to see many people lined up in front of a small store. 교과서
   우리는 걸어 나와서 많은 사람이 작은 상점 앞에 줄을 서 있는 것을 보았다.
2. The band is lining up additional concert dates.
   그 밴드는 추가 콘서트 날짜들을 준비하고 있다.

---

391 place an order   주문하다

They sat at the "whites only" lunch counter, intending to place an order. EBS
그들은 주문하려고 '백인 전용' 간이식당에 앉았다.

➕ place a mail order 우편으로 주문하다

---

392 be charged with

1. ~의 책임을 맡고 있다 ■ be in charge of
2. ~의 혐의를 받다, ~으로 기소되다

1. William Roy was charged with the task of mapping Scotland. EBS
   William Roy는 스코틀랜드의 지도를 만드는 업무의 책임을 맡고 있었다.
2. Veteran British track star Linford Christie was charged with two "false
   starts." EBS
   영국의 베테랑 인기 육상 선수였던 Linford Christie가 '부정 출발'을 두 번 했다는 혐의를 받았다.

---

393 needless to say   말할 필요도 없이 ■ to say nothing of, not to mention

Needless to say, we filled the bone bucket with the empty chicken bones.
말할 필요도 없이, 우리는 뼈를 담는 바구니에 발라 낸 닭 뼈들을 채웠다.
교과서

394 **be acquainted with**
1. ~을 잘 알다, ~에 정통하다
2. ~와 친분이 있다, ~와 아는 사이다

1. A responsible older student will be acquainted with emergency procedures.
책임감 있는 고학년 학생은 비상 절차를 잘 알 것이다.

2. She is acquainted with many figures in the journalism industry.
그녀는 저널리즘 업계의 많은 인사들과 친분이 있다.

395 **as opposed to**
1. ~와 대조적으로[반대로] ᴇ in contrast with
2. ~이 아니라 ᴇ rather than

1. Habitat selection can be quite different for migrants as opposed to residents. 수능
서식지 선택은 텃새들과 대조적으로 철새들에게는 아주 다를 수 있다.

2. They ate in the restaurant, as opposed to their rooms.
그들은 자신들의 방에서가 아니라 음식점에서 식사했다.

DAY
20

396 **have trouble (in) -ing**
~하는 데 어려움을 겪다
ᴇ have difficulty[a hard time] (in) -ing

Power companies sometimes have trouble meeting demand. 학평
전력 회사들은 때때로 수요를 충족하는 데 어려움을 겪는다.

397 **back up**
1. 뒷받침하다, 지지[후원]하다 ᴇ support
2. (파일·프로그램 등을) 백업하다, 복사하다

1. Speaker A appeals to tradition to back up her opinion. 교과서
화자 A는 자신의 의견을 뒷받침하기 위해 관습에 호소한다.

2. You should always back up your files at regular intervals.
항상 일정한 기간을 두고 파일을 백업해야 한다.

➕ back off 뒷걸음질치다, 뒤로 물러나다

---

398 **a host of**

다수의, 많은

🔁 a multitude of, a majority of, a number of, numbers of

They have insisted that criminal sentences should be based on a host of factors. [EBS]

그들은 범죄의 처벌이 다수의 요인에 근거해야 한다고 주장해 왔다.

---

399 **by far**

《비교급·최상급 강조》 훨씬, 단연코

The brain uses by far more energy than our other organs. [학평]

뇌는 우리의 다른 기관들보다 훨씬 더 많은 에너지를 사용한다.

---

400 **take ~ into account**

~을 고려하다[참작하다]

🔁 take account of, take ~ into consideration, consider

They claimed that he should take every situation into account and wait for the precise moment to act. [교과서]

그들은 그가 모든 상황을 고려해서 행동할 정확한 시기를 기다려야 한다고 주장했다.

A 영어는 우리말로, 우리말은 영어로 쓰시오.

01 regard A as B _____

02 out of one's mind _____

03 by way of _____

04 give it a try _____

05 ~을 좋아하다 _____

06 주문하다 _____

07 말할 필요도 없이 _____

08 ~와 대조적으로[반대로], ~이 아니라 _____

B 다음 문장의 빈칸에 들어갈 표현을 골라 알맞은 형태로 쓰시오.

put up with	help out	be charged with
no more than	take into account	back up

01 This woman spent her entire day just _____ a confused tourist.
이 여성은 혼란스러워하는 관광객을 도와주느라 하루 종일 시간을 보냈다.

02 The new approach is proposed to _____ two additional conditions. 새로운 접근 방식은 두 가지 추가 조건을 고려하기 위해 제안된다.

03 Unfortunately, they just were _____ the problem and not reporting it. 안타깝게도 그들은 그 문제를 그저 참기만 하고 보고하지 않고 있었다.

04 He provided reasoning to _____ his decision and was open to answering any questions.
그는 자신의 결정을 뒷받침하는 근거를 제시하고 어떤 질문에도 기꺼이 답변했다.

05 You can _____ driving without a license when you don't have your license with you. 면허증을 소지하지 않을 때 당신은 무면허 운전으로 기소될 수 있습니다.

A 01 A를 B로 여기다[생각하다] 02 제정신이 아닌, 몹시 흥분해서 03 ~으로서, ~을 위해, ~을 거쳐서[경유해서] 04 시도하다, 한번 해 보다 05 be fond of 06 place an order 07 needless to say 08 as opposed to
B 01 helping out 02 take into account 03 putting up with 04 back up 05 be charged with

---

401
□□ **contribute to**

1. ~에 기여[공헌]하다
2. ~의 원인이 되다

1. We ordinary teenagers can contribute to making a better world. 교과서
   우리 평범한 십 대들은 더 좋은 세상을 만드는 데 기여할 수 있다.
2. Consuming richer food contributes to various kinds of disease. 모평
   더 기름진 음식을 섭취하는 것은 여러 종류의 질병의 원인이 된다.

➕ make a contribution to ~에 기부[공헌]하다

402
□□ **bring about**

~을 유발하다, ~을 초래하다 ➖ cause, lead to

Constructive changes bring about improvements and widen our horizons.
건설적인 변화는 개선을 초래하고 우리의 시야를 넓힌다.   학평

403
□□ **in return (for)**

1. (~에 대한) 보답으로[대가로], (~) 대신에
   ➖ in exchange[compensation] (for)
2. (~에 대한) 반응으로

1. Raton Perez leaves money or sweets in return for baby teeth. EBS
   Raton Perez는 젖니에 대한 답례로 돈이나 사탕을 남긴다.
2. It is wise not to treat them badly in return. EBS
   반응으로 그들을 안 좋게 대우하지 않는 것이 현명하다.

404
□□ **of itself**

저절로, 자연히

The controversy actually died out of itself after many years.
그 논쟁은 사실상 몇 년 후에 저절로 소멸했다.

405 **reach (out) for**
1. ~을 잡으려고 손을 뻗다
2. ~을 얻으려고 노력하다, ~을 추구하다

1. One day at the table I reached for something without looking. 학평
어느 날 나는 식탁에서 보지도 않고 어떤 것을 잡으려고 손을 뻗었다.

2. Investment in teens' health and education empowers them to reach for their dreams. EBS
십 대의 건강과 교육에 대한 투자는 그들이 자신들의 꿈을 추구하도록 힘을 부여한다.

➕ reach out to ~에게 손을 뻗어 다가가다, ~에게 접근하다
out of reach 손이 닿지 않는 곳에, 힘이 미치지 않는 곳에

406 **with the help of** ~의 도움으로, ~에 의지하여 🔵 by the help of

They avoid going completely dry with the help of some protectants. 교과서
그것들은 몇몇 보호제의 도움으로 완전히 말라버리는 것을 피한다.

DAY 21

407 **consist of** ~으로 구성되다, ~으로 이루어지다
🔵 be made up of, be comprised of, be composed of

혼동

The team consists of at least one robot and one human. 모평
그 팀은 적어도 로봇 하나와 인간 한 명으로 구성된다.

408 **consist in** (주요 특징이) ~에 있다[존재하다] 🔵 lie in

Metaphor consists in giving the thing a name that belongs to something else.
은유의 특징은 사물에 다른 어떤 것에 속하는 이름을 부여하는 데 있다. EBS

➕ consist with ~와 일치하다, ~와 양립하다

409 be devoted to   ～에 전념하다, ～에 헌신하다
☰ devote oneself to, be committed[dedicated] to

UNESCO is devoted to preserving important intangible cultural traditions.
UNESCO는 중요한 무형 문화 전통들을 보존하는 데 헌신한다.   `교과서`

410 ahead of time   미리, 사전에   ☰ in advance, beforehand

I had reviewed the store's sales circular ahead of time to learn which items were on sale.   `EBS`
나는 어떤 품목들이 세일 중인지를 알기 위해 그 가게의 판매 전단을 미리 검토했었다.

411 be content with   ～에 만족하다   ☰ be satisfied with

Many individuals are not content with an existence that offered them little variety.   `학평`
많은 사람들이 자신들에게 다양성을 거의 제공하지 않는 생활에 만족하지 않는다.

412 appeal to
1. ～에(게) 호소하다   ☰ beg
2. ～의 관심[흥미]을 끌다   ☰ attract

1. The charity often appeals to the public for donations.
그 자선 단체는 종종 대중들에게 기부를 호소한다.

2. The fields were vast but hardly appealed to him.   `수능`
들판은 광대했지만 그의 관심을 거의 끌지 못했다.

---

413 □□ **ups and downs**　　　흥망성쇠, 기복, 우여곡절

Great fairy tales are full of suspense and emotional ups and downs. `EBS`
훌륭한 동화는 긴장감과 감정적 기복으로 가득 차 있다.

➕ up and down 아래위로, 이리저리

---

414 □□ **may[might] as well**　　~하는 편이 낫다, ~하는 것이 좋다

You might as well give up attempting to teach the child mathematics. `EBS`
여러분은 그 아이에게 수학을 가르치려고 애쓰는 것을 포기하는 편이 낫다.

➕ may well ~하는 것도 당연하다
　may[might] as well A as B B하는 것보다 A하는 편이 낫다

---

415 □□ **have difficulty (in) -ing**　　~하는 데 어려움을 겪다 ➖ have trouble[a hard time] *-ing*

Birds have difficulty navigating the night skies because of light pollution. `교과서`
새들은 빛 공해 때문에 밤하늘을 비행하는 데 어려움을 겪는다.

---

416 □□ **mess up**　　~을 망치다, ~을 엉망으로 만들다 ➖ make a mess, spoil

A lot of teachers worry that we are going to mess up the field. `학평`
많은 선생님들이 우리가 운동장을 엉망으로 만들 것을 염려한다.

➕ clean up ~을 깨끗이 치우다

417 out of date 구식의, 시대에 뒤떨어진 ☰ old-fashioned, outmoded

Marketing is based on notions that are 20 years out of date. **EBS**
마케팅은 시대에 20년 뒤떨어진 개념들에 기반을 두고 있다.

➕ up-to-date 최신의, 현대적인

---

418 in practice 실제로 ☰ in fact, in reality

Certain devices were found in practice to be both workable and useful. **모평**
특정 방법들이 실제로 운용할 수 있고 유용하다는 것이 밝혀졌다.

➕ put ~ in[into] practice ～을 실행하다   in theory 이론상으로, 원칙적으로

---

419 (just) around[round] the corner
1. 임박하여, 곧 다가온
2. 바로 근처에, 아주 가까이에

1. Flu season is just around the corner. **학평**
   독감의 계절이 임박했다.

2. You know your loved ones are just around the corner in their own beds.
   당신은 사랑하는 사람들이 바로 근처 각자의 잠자리에 있다는 것을 알고 있다. **교과서**

➕ around the clock 24시간 내내

---

420 have nothing to do with ～와 관련이 전혀 없다 ☰ have no connection with

The books have little or nothing to do with academic philosophy at all. **EBS**
그 책들은 학문으로서의 철학과 관련이 거의 또는 전혀 없다.

➕ have little to do with ～와 관련이 거의 없다
have something to do with ～와 관련이 있다
have much to do with ～와 관련이 많이 있다

Review TEST

A 영어는 우리말로, 우리말은 영어로 쓰시오.

01 in return for

_____

02 reach out for

_____

03 ups and downs

_____

04 mess up

_____

05 ~을 유발하다, ~을 초래하다

_____

06 (주요 특징이) ~에 있다[존재하다]

_____

07 ~하는 편이 낫다, ~하는 것이 좋다

_____

08 구식의, 시대에 뒤떨어진

_____

B 다음 문장의 빈칸에 들어갈 표현을 골라 알맞은 형태로 쓰시오.

contribute to	be devoted to	be content with
appeal to	in practice	have nothing to do with

01 I am not someone that _____ just being a participant.
나는 그저 참가자가 되는 것에 만족하는 사람이 아니다.

02 She has _____ the translation of Czech fiction into Swedish.
그녀는 체코 소설을 스웨덴어로 번역하는 데 전념해 오고 있다.

03 The idea that companies need to _____ society can be looked at.
기업이 사회에 공헌할 필요가 있다는 생각은 검토될 수 있다.

04 The computer system malfunction _____ the recent software
update. 그 컴퓨터 시스템 오작동은 최근 소프트웨어 업데이트와는 관련이 전혀 없었다.

05 Large commercial bank groups also need to _____ a wider
customer base. 대형 상업 은행 그룹들 또한 더 폭넓은 고객층의 관심을 끌 필요가 있다.

A **01** ~에 대한 보답으로[대가로], ~ 대신에, ~에 대한 반응으로 **02** ~을 잡으려고 손을 뻗다, ~을 얻으려고 노력하다, ~을 추구하다 **03** 흥망성쇠, 기복, 우여곡절 **04** ~을 망치다, ~을 엉망으로 만들다 **05** bring about **06** consist in **07** may[might] as well **08** out of date
B **01** is content with **02** been devoted to **03** contribute to **04** had nothing to do with **05** appeal to

---

421 **can afford to *do*** ~할 여유가 있다
□□

Chilies were the one luxury item the poor could afford to eat every day. 교과서
고추는 가난한 사람들이 매일 먹을 여유가 있는 유일한 사치 품목이었다.

---

422 **a range of**
□□
1. 다양한 ■ a variety of
2. 일정 범위의

1. She appeared in a range of films, plays and TV productions. 학평
   그녀는 다양한 영화와 연극 그리고 TV 작품에 출연했다.
2. There is a difference between choosing from a range of options and making
   a purchase. EBS
   일정 범위의 선택 사항 중에서 고르는 것과 구매하는 것 사이에는 차이가 있다.

■ a wide[broad] range of 광범위한

---

423 **interfere with** ~을 방해하다 ■ hinder, disturb, get in the way
□□

혼동

Acid interferes with the body's ability to absorb calcium. 교과서
산은 칼슘을 흡수하는 신체 능력을 방해한다.

---

424 **interact with** ~와 상호 작용하다, ~와 교류하다
□□

Over time, we lose our ability to interact with the unknown. 학평
시간이 지나면서, 우리는 미지의 것과 상호 작용하는 우리의 능력을 잃어버린다.

425 **be willing to *do***   기꺼이 ~하다, ~할 의향이 있다 ≡ be ready to *do*

Another reason readers are willing to pay money is patronage. `EBS`
독자들이 기꺼이 돈을 지불하려는 또 다른 이유는 후원이다.

➕ be unwilling[reluctant] to *do* ~하기를 꺼리다

426 **so to speak**   말하자면, 이를테면 ≡ as it were, that is to say

Both, so to speak, are involved in describing the external world. `모평`
말하자면, 둘 다 외부 세계를 묘사하는 것에 관련이 있다.

427 **have no choice but to *do***   ~할 수밖에 없다, ~하지 않을 수 없다
≡ cannot help *-ing*, cannot choose but *do*, have no option to *do*

You have no choice but to be here doing something which is work. `EBS`
여러분은 일이라는 것을 하면서 이곳에 있을 수밖에 없다.

428 **starve to death**   굶어 죽다 ≡ die of hunger

The average European not only often went hungry but sometimes even starved to death. `교과서`
보통의 유럽인들은 종종 굶주릴 뿐만 아니라 심지어 때로는 굶어 죽었다.

➕ starve for ~을 갈망하다

429 ☐☐ take a measure

조치를 취하다 🖪 take action, take a step

The company took a measure by implementing a new security system to protect sensitive information.

그 회사는 민감한 정보를 보호하기 위해 새로운 보안 시스템을 구현하여 조치를 취했다.

➕ take a measurement 치수를 재다[측정하다]

430 ☐☐ deprive A of B

A에게서 B를 박탈하다[빼앗다] 🖪 rob A of B

Automation deprives us of the reward of accomplishing challenging tasks.

자동화는 우리에게서 도전적인 작업을 수행하는 것에 대한 보상을 박탈한다. `EBS`

➕ be deprived of ~을 빼앗기다, ~을 박탈당하다

431 ☐☐ set foot on[in]

~에 발을 들여놓다, ~에 들어서다

Armstrong became the first person to set foot on the moon.

Armstrong은 달에 발을 들여놓은 최초의 사람이 되었다.

432 ☐☐ for ages

오랫동안 🖪 for an age, for long, for a long time, in ages

With only flippers and underwater goggles but no breathing equipment, the *haenyeo* have braved the waters for ages. `교과서`

호흡 장비는 없고 오직 오리발과 물안경만으로, 해녀들은 오랫동안 바다에 용감하게 맞서 왔다.

---

433 □□ **no longer**　　　　　더 이상 ~이 아닌　🔁 not ~ any longer[more], no more

Supermarkets no longer make all their money selling their produce and manufactured goods. 학평
슈퍼마켓은 더 이상 그들의 농산물과 제조된 물품을 판매해서 자신의 모든 돈을 버는 것이 아니다.

---

434 □□ **supply A with B**　　　A에게 B를 공급[제공]하다
　　　　　　　　　　　　　🔁 provide[furnish] A with B, supply[provide] B for[to] A

Nature supplies us with everything we need to survive. 교과서
자연은 우리가 생존하는 데 필요한 모든 것을 우리에게 제공한다.

➕ be supplied with ~을 공급받다

---

435 □□ **come upon**　　　　　우연히 마주치다　🔁 come across, bump into

The robots had to solve a series of problems they might come upon. 교과서
그 로봇들은 우연히 마주칠 수도 있는 일련의 문제를 해결해야 했다.

➕ come on[upon] the stage 무대에 오르다, 세상에 나오다

---

436 □□ **make a fortune**　　　많은 돈을 벌다, 부자가 되다　🔁 build up a fortune

My daughter finally launched her own successful startup and managed to make a fortune.
내 딸은 마침내 자신의 성공적인 스타트업을 시작했고 그럭저럭 많은 돈을 벌었다.

➕ cost a fortune 많은 돈이 들다

437 **up to date**   최신의

As we read, we must bring the language up to date. 모평
우리가 읽을 때, 우리는 언어를 최신의 것으로 해야 한다.

➕ out of date 구식의

---

438 **be suitable for**   ~에 적합하다, ~에 알맞다 ☰ be suited to, be fit for

This appliance is only suitable for heating water; do not use it for any other liquids. EBS
이 기기는 물을 데우기 위해서만 적합하므로, 다른 액체를 위해 그것을 사용하지 마십시오.

---

439 **in one's shoes**   ~의 입장이 되어

By walking in someone else's shoes, Regina and Trent were able to see that the elderly also enjoy life with passion. 교과서
다른 사람의 입장이 되어 봄으로써, Regina와 Trent는 노인들도 열정을 가지고 삶을 즐긴다는 것을 알 수 있었다.

---

440 **be divided into**   ~으로 나누어지다 ☰ be split into

The natural world is divided into different groups of species and things. EBS
자연 세계는 다른 종과 사물의 집단으로 나뉜다.

➕ divide A into B A를 B로 나누다

A 영어는 우리말로, 우리말은 영어로 쓰시오.

01 be willing to *do* _____

02 deprive A of B _____

03 no longer _____

04 in one's shoes _____

05 다양한, 일정 범위의 _____

06 말하자면, 이를테면 _____

07 ~에 발을 들여놓다, ~에 들어서다 _____

08 ~에 적합하다, ~에 알맞다 _____

B 다음 문장의 빈칸에 들어갈 표현을 골라 알맞은 형태로 쓰시오.

can afford to	interfere with	have no choice but to
take a measure	come upon	up to date

01 The manager will be responsible for keeping the records _____.

관리자는 기록을 최신 상태로 유지할 책임을 지게 될 것이다.

02 In some situations, you may _____ negotiate in writing.

일부 상황에서, 당신은 서면으로 협상할 수밖에 없을 수도 있다.

03 The principal _____ that nobody expected.

교장 선생님은 누구도 예상하지 못한 조치를 취했다.

04 Many families _____ refinance their mortgages with the recent

drop in interest rates. 많은 가정이 최근의 금리 하락으로 주택담보대출을 차환할 여유가 있다.

05 Work-family conflicts and other health-related concerns can _____

work productivity. 일과 가정의 갈등 및 기타 건강 관련 문제는 업무 생산성을 방해할 수 있다.

A 01 기꺼이 ~하다, ~할 의향이 있다 02 A에게서 B를 박탈하다[빼앗다] 03 더 이상 ~이 아닌 04 ~의 입장이 되어
05 a range of 06 so to speak 07 set foot on[in] 08 be suitable for
B 01 up to date 02 have no choice but to 03 took a measure 04 can afford to 05 interfere with

---

441 □□ **inform A of B**   A에게 B를 알리다 ᄅ notify A of B

Road sensors could inform your car of driving hazards, such as icy roads.
도로의 감지기들은 당신의 자동차에 빙판길과 같은 운전 위험 요소들을 알려 줄 수도 있다. 교과서

➕ be informed of ~에 정통하다, ~의 통지를 받다
　 inform A to *do* A에 ~할 것을 알리다

---

442 □□ **more or less**   1. 거의, 약[대략]
　 ᄅ about, almost, nearly, approximately, roughly
　 2. 다소, 어느 정도 ᄅ to some extent[degree], somewhat

1. You always find them living in more or less the same conditions. EBS
　 여러분은 항상 그것들이 거의 같은 환경에서 사는 것을 발견한다.

2. At the time, all such lotions were more or less sticky. 학평
　 그 당시에, 그러한 로션은 모두 다소 끈적거렸다.

---

443 □□ **cope with**   1. ~에 대처하다, ~을 감당[처리]하다
　 ᄅ deal with, handle, manage
　 2. ~을 극복하다 ᄅ overcome

1. Only they have the quality to cope with the costs. EBS
　 그들만이 비용에 대처할 능력을 가지고 있다.

2. While the indoor tree is protected and safe, the outdoor one has to cope with the elements. 학평
　 실내의 나무는 보호를 받고 안전하지만, 실외의 나무는 악천후를 극복해야 한다.

---

444 □□ **in that**   ~라는 점에서, ~이므로

I admire Moore in that she dedicated herself to a particular problem. 교과서
나는 그녀가 특정한 문제에 자기 자신을 헌신한다는 점에서 Moore를 존경한다.

➕ now that ~이니까

445 catch one's eye

~의 눈길[주의]을 끌다
🔲 attract[draw/catch/get] one's attention

He tried to catch her eye, but she was too immersed in the speech.
그는 그녀의 눈길을 끌려고 애썼지만, 그녀는 연설에 너무 몰두해 있었다.

446 fall apart

1. 부서지다, 허물어지다 🔲 collapse, break down
2. (조직·제도·관계 등이) 깨지다[무너지다]

1. Western paper begins to fall apart and becomes unusable after 100 years.
서양의 종이는 100년이 지나면 부스러지기 시작하여 사용할 수 없게 된다. 교과서

2. The more borders fall apart, the more various groups cling to place, nation, and religion. 학평
경계가 무너질수록 다양한 집단이 장소, 국가, 종교에 더 집착한다.

447 from then on

그때부터, 그 이후로

From then on, any couple who did not argue with each other was also awarded bacon. 교과서
그 이후로, 서로 다투지 않은 커플에게도 베이컨이 주어졌다.

➕ from ~ on ~부터 계속

448 in question

1. 의심스러운, 불확실한 🔲 in doubt, uncertain
2. 문제의, 해당하는, 논의되고 있는
🔲 at issue, under discussion

1. In the future, the survival of humanity is not in question.
미래에, 인류의 생존은 불확실하지 않다.

2. The product in question started off with very meager sales. EBS
문제의 제품은 매우 변변찮은 판매량으로 출발했다.

➕ out of question 틀림없이, 확실히

449 depart from

1. ~에서 벗어나다[빗나가다] 🔁 break away from
2. ~에서 출발하다[떠나다] 🔁 leave from

1. A person's behavior must depart significantly from the intention. EBS
한 사람의 행동은 그 의도에서 상당히 벗어나야만 한다.

2. Our tour departs from Sorrento in the late afternoon.
우리의 여행은 늦은 오후에 Sorrento에서 출발한다.

450 on business

업무로, 볼일이 있어서

I took my dog there last month when I was out of town on business.
나는 지난달에 업무로 도시를 떠나 있을 때 내 개를 그곳에 데려갔었다.

451 dispense with

1. ~을 없애다, ~을 생략하다 🔁 do away with, get rid of
2. ~ 없이 지내다 🔁 do[live] without

1. Now almost all the supermarkets in our country are dispensing with checkouts.
이제 우리나라의 거의 모든 슈퍼마켓이 계산대를 없애고 있다.

2. He was able to dispense with a cane after recovering from the injury.
그는 부상에서 회복된 후에 지팡이 없이 지낼 수 있었다.

452 at large

1. 전반적인, ~ 전체 🔁 overall, whole
2. 잡히지 않은, 탈주 중인 🔁 on the loose[run]

1. We cling to our material world and our life at large. EBS
우리는 우리의 물질적 세계와 우리의 전반적인 삶을 고수한다.

2. The criminal responsible for the bank robbery is still at large.
은행 강도에 책임이 있는 범죄자가 아직 잡히지 않고 있다.

453 run for ~에 입후보하다, ~에 출마하다

A few years later, he ran for Mayor of Cleveland and lost. 모평
몇 년 후, 그는 Cleveland 시장 선거에 입후보했다가 낙마했다.

➕ run for it 도망치다

454 as a consequence 결과적으로, 결과로서 ➖ as a result, consequently

As a consequence, we are living through a time of extinction. EBS
결과적으로, 우리는 멸종의 시기를 겪으며 살고 있다.

➕ in consequence of ~의 결과로

455 no wonder 놀랄 일이 아니다, 당연하다

DAY 23

No wonder the city is one of the greenest cities in the world. 교과서
그 도시가 세계에서 가장 친환경적인 도시 중의 하나인 것은 놀랄 일이 아니다.

➕ It's no wonder (that) ~은 놀랄 일이 아니다

456 make up for ~을 보상하다, ~을 만회하다 ➖ compensate for

혼동

To make up for the difference in level, engineers build one or more water "steps." 모평
수위의 차이를 만회하기 위해 공학자들은 하나 이상의 물 '계단'을 만든다.

457 make up with ~와 화해하다 ➖ reconcile with

After the little fight, they decided to make up with each other and restore their friendship.
작은 다툼 뒤에, 그들은 서로 화해하고 우정을 회복하기로 결심했다.

458
☐☐ **of no use** 쓸모없는, 도움이 안 되는 ➖ useless

Since he's not paying attention to my explanation, continuing would be of no use.
그가 내 설명에 주목하지 않고 있어서, 계속하는 것은 도움이 안 될 것이다.

➕ of (great) use (매우) 쓸모 있는, 유용한   go out of use 사용되지 않게 되다

459
☐☐ **out of reach (of)** (~의) 손이 닿지 않는 곳에, (~의) 힘이 미치지 않는 곳에
➖ beyond one's reach (of)

The statues of saints were well out of reach of any ordinary ladder. 학평
성인(聖人)들의 동상은 일반 사다리로는 도무지 닿지 않는 곳에 있었다.

460
☐☐ **be characterized by** ~이 특징이다 ➖ be marked by

Science is characterized by a willingness to let new evidence correct previous beliefs. EBS
과학은 새로운 증거가 이전의 믿음을 기꺼이 바로잡게 하려는 것이 특징이다.

A 영어는 우리말로, 우리말은 영어로 쓰시오.

01 inform A of B   _____

02 from then on   _____

03 as a consequence   _____

04 be characterized by   _____

05 거의, 약, 다소, 어느 정도   _____

06 ~에서 벗어나다, ~에서 출발하다   _____

07 놀랄 일이 아니다, 당연하다   _____

08 쓸모없는, 도움이 안 되는   _____

B 다음 문장의 빈칸에 들어갈 표현을 골라 알맞은 형태로 쓰시오.

cope with	catch one's eye	in question
dispense with	make up for	out of reach of

01 Working together, they _____ each other's weak points.
함께 일하면서 그들은 서로의 약점을 보충했다.

02 The high shelf is _____ the children, ensuring their safety.
높은 선반은 아이들의 손이 닿지 않아 그들의 안전을 확보한다.

03 Since our team is small, we can _____ the need for strict
schedules. 우리 팀은 소규모이므로, 우리는 엄격한 일정의 필요성 없이 해낼 수 있다.

04 The files containing all knowledge of the case _____ were
securely stored. 문제의 사건에 대한 모든 지식이 담긴 파일들은 안전하게 저장되었다.

05 Despite some challenges, she managed to _____ the stress and
pressure of her new job.
몇몇 난관에도 불구하고, 그녀는 새 직업이 주는 스트레스와 압박에 용케 대처했다.

A   01 A에게 B를 알리다   02 그때부터, 그 이후로   03 결과적으로, 결과로서   04 ~이 특징이다   05 more or less
   06 depart from   07 no wonder   08 of no use
B   01 made up for   02 out of reach of   03 dispense with   04 in question   05 cope with

461 be composed of　　~으로 구성되다[이루어지다]　🔁 consist of, be made up of

The community was composed of 52 apartments, common playgrounds, and a medical facility. 교과서
그 공동체는 52채의 아파트, 공동 놀이터, 그리고 병원 시설로 구성되어 있었다.

462 by nature　　천성적으로, 본래　🔁 innately, inherently

The human digestive tract was not designed by nature to digest complex meals. EBS
인간의 소화관은 본래 복잡한 식사를 소화하도록 설계되지 않았다.

463 cannot help but *do*　　~할 수밖에 없다, ~하지 않을 수 없다
🔁 have no choice but to *do*, cannot help -*ing*

I was touched and couldn't help but respond. 학평
나는 감동을 받았고 답장하지 않을 수 없었다.

464 in haste　　서둘러서, 급히　🔁 in a hurry

The email was written in haste, causing some confusion among the recipients.
그 이메일은 급히 쓰여서 수신자들에게 약간의 혼동을 일으켰다.

465 do without　　~ 없이 지내다[견디다]　🔁 dispense[go] with

There's always a way to do without something. 교과서
무언가 없이 해내는 방법은 언제든지 있다.

466 in place of ~ 대신에 ■ instead of

Impressionist painters used a photograph in place of the model or landscape. **EBS**
인상파 화가들은 모델이나 풍경 대신에 사진을 사용했다.

➕ in place 제자리에 in one's place ~ 대신에
take the place of ~을 대신하다, ~을 대체하다

467 translate A into B A를 B로 번역하다[옮기다]

To understand difficult passages, you need to translate them into your own words. **EBS**
어려운 구절을 이해하기 위해서는 그것을 자신의 말로 옮겨야 한다.

➕ be translated into ~으로 번역되다 interpret A into B A를 B로 통역하다[해석하다]

468 act on[upon]
1. ~에 따라 행동하다, ~을 따르다
2. ~에 영향을 주다, ~에 작용하다
■ have an effect on, affect, work on

1. We believe our impressions and act on our desires. **교과서**
우리는 우리의 느낌을 믿고 우리의 욕구에 따라 행동한다.

2. The music acted on the emotions, evoking tears and smiles simultaneously.
그 음악은 감정에 영향을 주어서 눈물과 미소를 동시에 일으켰다.

469 date back to ~까지[~으로] 거슬러 올라가다 ■ trace back to

Utopian political thinking dates back to the ancient Greek philosopher Plato's book the *Republic*. **모평**
유토피아적 정치 사상은 고대 그리스 철학자인 플라톤의 저서인 '국가론'으로 거슬러 올라간다.

DAY
24

470 be overwhelmed with

1. ~에 압도되다
2. ~에 휩싸이다

1. People are overwhelmed with the volume of information confronting them. 모평
   사람들은 자신들이 직면해 있는 정보의 양에 압도당한다.
2. I began to be overwhelmed with worries. EBS
   나는 걱정에 휩싸이기 시작했다.

---

471 of late

최근에, 요즈음 ▤ recently, in recent times

So-called positive thinking has been a real trend of late. EBS
이른바 긍정적 사고는 최근에 실제 트렌드로 자리잡았다.

➕ of late[recent] years 근년에, 요즈음

---

472 inferior to

~보다 열등한

The restrictive design criteria may make green products inferior to mainstream products. 모평
제한적인 디자인 기준은 친환경 상품을 주류 상품보다 열등하게 만들 수도 있다.

➕ superior to ~보다 우수한

---

473 collide with

1. ~와 충돌하다 ▤ crash into
2. ~와 우연히 마주치다 ▤ bump into

1. Is there any way to make players not collide with other players?
   선수들을 다른 선수들과 충돌하지 못하게 하는 방법이 있는가?
2. You might collide with someone who is in a completely different environment.
   여러분은 아마 완전히 다른 환경에 있는 누군가와 우연히 마주칠 수도 있을 것이다. EBS

474
point of view

관점, 입장, 견해

📘 perspective, standpoint, viewpoint, stance

From a realistic point of view, it is product placement that brings the programs to viewers. 교과서
현실적인 관점에서 보면, 프로그램을 시청자에게 전해 주는 것은 간접 광고이다.

475
set in

시작되다, 시작하다

Repetition suppression sets in, and our attention diminishes. 학평
반복 억제가 시작되고, 우리의 주의가 감소한다.

➕ set in motion 활기를 띠게 하다   set in one's ways 자신의 방식에 굳어진

476
be dependent on[upon]

1. ~에 의존[의지]하다
2. ~에 달려 있다 📘 depend on[upon]

1. The people of Ireland were excessively dependent upon the potato for food.
아일랜드 사람들은 식량으로 감자에 과도하게 의존했다. 교과서

2. The success of the project is dependent on market conditions.
그 프로젝트의 성공은 시장 환경에 달려 있다.

➕ be independent of ~에서 자립[독립]하다

477
at will

마음대로, 자유의사로 📘 freely, at one's desire[wish/pleasure]

The French manufacturer can copy your product and sell it at will. EBS
그 프랑스 제조업체는 여러분의 제품을 복제하여 그것을 마음대로 팔 수 있다.

478 **in the meantime** 그동안에, 그사이에 ⬛ in the meanwhile

Please just keep the other students away from the glass in the meantime.
그동안에 다른 학생들이 유리에 가까이 가지 못하게만 해 주세요. 〔EBS〕

혼동

479 **stand up to** ～에 맞서다, ～에 저항하다[견디다]
⬛ confront, resist, withstand

The bridge was built to stand up to heavy traffic and harsh weather conditions.
그 다리는 교통 체증과 혹독한 기상 조건에 견딜 수 있도록 건설되었다.

480 **stand up for** ～을 지지하다, ～을 옹호하다 ⬛ support, defend

The parents encouraged their children to stand up for themselves. 〔학평〕
그 부모는 자신들의 자녀에게 스스로를 지지하라고 격려했다.

A 영어는 우리말로, 우리말은 영어로 쓰시오.

01 be composed of _____

02 in place of _____

03 translate A into B _____

04 point of view _____

05 ~ 없이 지내다[견디다] _____

06 서둘러서, 급히 _____

07 마음대로, 자유의사로 _____

08 ~을 지지하다, ~을 옹호하다 _____

B 다음 문장의 빈칸에 들어갈 표현을 골라 알맞은 형태로 쓰시오.

cannot help but	act on	date back to
be overwhelmed with	inferior to	stand up to

01 Our local baseball team is not _____ the national champions.
우리 지역 야구팀은 전국 챔피언보다 열등하지 않다.

02 At that time, the manager _____ nervousness and excitement.
당시에 그 매니저는 긴장감과 흥분에 휩싸여 있었다.

03 Jake decided to _____ her suggestion and made the necessary
changes. Jake는 그녀의 제안을 따르기로 결정했고 필요한 변경을 했다.

04 When he saw the tree, he _____ recall his favorite childhood
moments. 그는 그 나무를 보았을 때 어린 시절 가장 좋아했던 순간을 떠올리지 않을 수 없었다.

05 Despite being outnumbered, the fighter could _____ his
opponents with ease. 수적 열세에도 불구하고 그 전사는 자신의 상대들과 쉽게 맞설 수 있었다.

A 01 ~으로 구성되다[이루어지다] 02 ~ 대신에 03 A를 B로 번역하다[옮기다] 04 관점, 입장, 견해 05 do without
06 in haste 07 at will 08 stand up for
B 01 inferior to 02 was overwhelmed with 03 act on 04 couldn't[could not] help but 05 stand up to

---

⁴⁸¹
□□ **be exposed to**

1. ~에 노출되다
2. ~을 경험하다, ~을 접하다 ➡ experience

1. The groups have been exposed to the same few pathogens. 학평
   그 집단들은 동일한 극소수의 병원균에 노출되어 왔다.
2. All children are exposed to the heritage of other cultures. EBS
   모든 아이들이 다른 문화의 유산을 경험한다.

---

⁴⁸²
□□ **may[might] well**

1. 아마 ~일 것이다
2. ~하는 것도 당연하다

1. The rights may well be appropriate. 학평
   그 권리는 아마 적절할 것이다.
2. Based on the evidence presented, the jury may well believe that the defendant is innocent.
   제시된 증거에 근거하여 배심원들이 피고가 무죄라고 믿는 것도 당연하다.

➕ may[might] as well ~하는 편이 낫다

---

⁴⁸³
□□ **call on[upon]**

1. ~에게 요청[부탁]하다 ➡ ask for, request
2. ~을 방문하다 ➡ visit

1. The chairman called on John to share his insightful perspective.
   회장은 John에게 그의 통찰력 있는 관점을 공유할 것을 요청했다.
2. He called on a customer for the purpose of selling a truck.
   그는 트럭을 판매할 목적으로 고객을 방문했다.

➕ call for ~을 필요로 하다, ~을 요구하다

---

⁴⁸⁴
□□ **be busy -ing**

~하느라 바쁘다[분주하다]

The thief was busy gathering expensive-looking items from the merchant's luxurious house. 학평
도둑은 상인의 호화로운 집에서 비싸 보이는 물건들을 모으느라 분주했다.

485 □□ **to some degree**

어느 정도, 다소
🔲 to some extent, more or less, to a certain degree

Emotional empathy allows us to share to some degree the feelings of others.
정서적 공감은 우리가 어느 정도 다른 사람들의 감정을 공유할 수 있게 한다. 〔EBS〕

486 □□ **weed out**

제거하다, 뽑아 버리다 🔲 root out

Some evolutionary process weeded out non-tooth brushers and left us all with an innate urge to brush. 〔EBS〕
어떤 진화 과정은 이를 닦지 않는 자들을 제거했고 우리 모두에게 양치질하려는 선천적인 충동을 남겼다.

487 □□ **be correlated with**

~와 관련[연관]이 있다 🔲 be associated with

It is absurd to say that being class president is correlated with shorter life expectancy. 〔학평〕
학년 대표가 되는 것이 더 짧은 평균 수명과 관련이 있다고 말하는 것은 터무니없다.

DAY 25

488 □□ **(the) chances are (that)**

아마 ~일 것이다, ~할 가능성이 높다
🔲 it is likely (that), probably

Chances are you are reading this sentence under some kind of artificial light.
아마 여러분은 어떤 유형의 인공조명 아래에서 이 문장을 읽고 있을 것이다. 〔학평〕

489 □□ **persist in**

~을 고집하다[지속하다] 🔲 insist on

Self-efficacy is one characteristic that helps people persist in their efforts to succeed.
자기 효능감은 사람들이 성공하기 위한 그들의 노력을 지속할 수 있도록 돕는 하나의 특징이다. 〔EBS〕

490 be bound to *do*
혼동

1. 반드시 ~하다, ~할 수밖에 없다　**目** be sure[certain] to *do*
2. ~할 의무가 있다　**目** be obligated[obliged] to *do*

1. Our land, rivers, and oceans are bound to suffer with no solution in sight.
우리의 땅, 강, 바다는 해결책이 보이지 않는 상태에 시달릴 수밖에 없다.　교과서

2. The company is bound to ensure the safety of its employees in the workplace.
회사는 직장에서 직원들의 안전을 보장할 의무가 있다.

➕ be bound to ⓝ ~와 결부되어 있다

491 be bound for　~행이다, ~으로 향하다

After much inquiry, we found that the ship was bound for New York.
많은 문의 끝에 우리는 그 배가 뉴욕행이라는 것을 알게 되었다.

492 in a flash　순식간에, 순간적으로
目 like a flash, in a moment, in an instant

The anticipation he had felt disappeared in a flash.　학평
그가 느꼈던 기대감이 순식간에 사라졌다.

493 comply with　~을 따르다, ~에 순응하다, ~을 준수하다

It is common to feel social pressure to comply with social conventions.　학평
사회적 관습을 따라야 한다는 사회적 압박을 느끼는 것은 일반적이다.

494 burst into　(웃음·울음 등을) 터뜨리다, 갑자기 ~하다　**目** burst out

She's still upset and periodically bursts into tears.　EBS
그녀는 여전히 화가 나 있고 주기적으로 울음을 터뜨린다.

495 to one's surprise 놀랍게도 🔳 to one's astonishment[amazement]

To his surprise, he saw a beautiful rainbow stretching across the summer sky.
놀랍게도 그는 여름 하늘을 가로질러 펼쳐진 아름다운 무지개를 보았다.

➕ to one's delight 기쁘게도

496 back off
1. 뒤로 물러나다 🔳 move[go/step/stand] back
2. 그만두다, 포기하다 🔳 abandon, give up, retreat

1. Matt backed off, stunned into silence. [EBS]
Matt는 뒤로 물러났고, 어안이 벙벙해서 할 말을 잃었다.

2. If the non-fan doesn't want to learn about sports, back off. [EBS]
만약 팬이 아닌 사람이 스포츠 경기에 대해 배우기를 원치 않는다면, 그만두라.

➕ back down 후퇴하다, 포기하다

497 put ~ to (good) use ~을 (잘) 이용[활용]하다 🔳 make (good) use of

We need to be aware of the power of empathy and make efforts to put it to good use. [교과서]
우리는 공감의 힘을 인식하고 그것을 잘 활용할 수 있도록 노력해야 한다.

498 at a glance 한눈에 (보기에), 단번에

At a glance, there seem to be many buildings that line the stairs in the picture. [교과서]
한눈에 보기에, 그림 속에는 계단을 따라 늘어서 있는 건물들이 많은 것처럼 보인다.

➕ take a glance 흘낏 보다　　　at first glance 첫눈에, 처음에는, 언뜻 보아

499
□□ **by comparison**   그에 비해 ▤ in comparison

The notion of the specialized mind is by comparison as modern as the specialized man. EBS
그에 비해 전문화된 정신이라는 개념은 전문화된 사람만큼이나 현대적이다.

➕ by[in] comparison with[to] ~와 비교해 보면, ~에 비해
　by contrast 그에 반해서

500
□□ **make it a rule to *do***   ~하는 것을 원칙으로 하다 ▤ make a point of *-ing*

As a parent, she makes it a rule to encourage her children to do a good deed a day.
부모로서, 그녀는 자신의 자녀에게 하루에 한 가지 선행을 하도록 권장하는 것을 원칙으로 하고 있다.

A 영어는 우리말로, 우리말은 영어로 쓰시오.

01 may well _____

02 weed out _____

03 the chances are that _____

04 put ~ to good use _____

05 어느 정도, 다소 _____

06 ~행이다, ~으로 향하다 _____

07 놀랍게도 _____

08 한눈에 보기에, 단번에 _____

B 다음 문장의 빈칸에 들어갈 표현을 골라 알맞은 형태로 쓰시오.

be exposed to	be bound to	persist in
comply with	burst into	by comparison

01 Even after numerous failures, he _____ believing that success is just around the corner. 수많은 실패 후에도 그는 성공이 임박해 있다는 것을 계속 믿는다.

02 When the comedian delivered his witty words, the audience _____ laughter. 그 코미디언이 재치 있는 말을 전하자, 청중은 웃음을 터뜨렸다.

03 According to news reports, five workers _____ high levels of radiation. 뉴스 보도에 따르면 5명의 근로자가 높은 수준의 방사능에 노출되었다.

04 In art appreciation, the assessment of beauty _____ be subjective. 예술 감상에서 아름다움에 대한 평가는 주관적일 수밖에 없다.

05 They warned us that there were serious penalties for failure to _____ the regulations. 그들은 우리에게 규정을 준수하지 않는 것에 대해 심한 처벌이 있다고 경고했다.

A 01 아마 ~일 것이다, ~하는 것도 당연하다 02 제거하다, 뽑아 버리다 03 아마 ~일 것이다, ~할 가능성이 높다 04 ~을 잘 이용[활용]하다 05 to some degree 06 be bound for 07 to one's surprise 08 at a glance
B 01 persists in 02 burst into 03 were exposed to 04 is bound to 05 comply with

501 attribute A to B

A를 B의 탓으로 돌리다, A를 B 때문으로 여기다
🔲 owe A to B, ascribe A to B

We tend to attribute other people's behavior to dispositional factors. 〔EBS〕
우리는 다른 사람들의 행동을 기질적인 요인의 탓으로 돌리는 경향이 있다.

➕ be attributed to ~에 기인하다, ~의 덕분으로 여기다

---

502 in the face of

1. ~에 직면하여 🔲 in the presence of
2. ~에도 불구하고 🔲 in spite of

1. Bob Carlson is a good example of a leader exercising patience in the face of diverse issues. 〔학평〕
   Bob Carlson은 다양한 문제에 직면하여 인내를 발휘한 리더의 좋은 예이다.
2. This addiction maintains loyalty even in the face of on-field failure. 〔EBS〕
   이러한 중독은 구장에서 일어나는 실패에도 불구하고 충성심을 지탱한다.

---

503 attend to

1. ~을 처리하다 🔲 deal with, address
2. ~을 돌보다 🔲 take care of
3. ~에 주의를 기울이다 🔲 pay attention to

1. He'll come shortly to attend to the maintenance issue with the heating system.
   그는 난방 시스템 보수 문제를 처리하러 곧 올 것이다.
2. She let me hold her sleeping darling while she attended to the wiggly one.
   그녀는 자신이 꼼지락거리는 아이를 돌보는 동안 내가 그녀의 잠든 아기를 안아 주도록 했다. 〔학평〕
3. The event is quite interesting and infants attend to it closely. 〔EBS〕
   그 사건은 꽤 흥미로워서 유아들은 열심히 그것에 주의를 기울인다.

➕ attend on 시중들다

---

504 out of nowhere

난데없이, 갑자기, 불쑥

It seems like good ideas have come out of nowhere. 〔EBS〕
좋은 생각은 난데없이 나타난 것처럼 보인다.

505 pass up
1. (기회를) 놓치다
2. 거절하다, 포기하다 ▤ reject, refuse

1. Don't pass up the chance to learn more about the metaverse. EBS
메타버스에 대해 더 많이 배울 기회를 놓치지 마십시오.

2. She passed up a life of luxury to help the ill and the dispossessed. 교과서
그녀는 병들고 재산을 빼앗긴 사람들을 돕기 위해 호화로운 삶을 포기했다.

506 clear A of B
A에서 B를 제거하다[없애다] ▤ rid A of B

To find inner peace, first of all you should clear your mind of worries.
내적 평화를 찾으려면 우선 마음에서 걱정을 없애야 한다.

507 live up to
1. ~에 부응하다 ▤ fulfill
2. ~에 맞추어[따라] 살다

1. In any field of achievement, there are people who fail to live up to their expectations. EBS
성취의 어떤 분야에서든 자신의 기대에 부응하지 못하는 사람들이 있다.

2. She always strives to live up to her principles of honesty and integrity.
그녀는 항상 자신의 정직과 성실의 원칙에 따라 살려고 노력한다.

508 yield to
1. ~에 양보하다
2. ~에 굴복하다 ▤ surrender to
3. ~으로 대체되다

1. Drivers are legally required to yield to pedestrians in school zones.
스쿨존에서 운전자는 보행자에게 양보할 것을 법적으로 요구받는다.

2. Any unthinking yielding to social pressure would be considered unhealthy. EBS
사회적 압박에 경솔하든 굴복하는 것은 무엇이든 건강에 좋지 않은 것으로 여겨질 것이다.

3. The sober self-disciplined character yielded to that of the consumer. EBS
냉철하고 자율적인 특성은 소비자의 특성으로 대체되었다.

➕ give way to ~에 양보하다, ~에 굴복하다, ~으로 대체되다

DAY 26

509 call it a day

그만하기로 하다, 끝내다

I wanted to keep working on the project, but I had to call it a day and recharge for tomorrow.
나는 그 프로젝트를 계속 진행하고 싶었지만, 그만하기로 하고 내일을 위해 재충전해야 했다.

510 be absorbed in

~에 열중[몰두]하다 ▤ be engaged in, get involved in

When we are too absorbed in ourselves to look out for others, our empathy goes to sleep. 교과서
우리가 자신에게 지나치게 열중하여 다른 사람들을 살필 여유가 없을 때, 우리의 공감 능력은 잠이 든다.

511 bring on

~을 야기하다, ~을 초래하다
▤ give rise to, lead to, bring about, result in, cause

Now the "special" treatment he received was brought on by his need to learn to read. EBS
이제 그가 받는 '특별한' 대우는 읽기를 배워야 할 필요성으로 야기되었다.

512 only a few

단지 몇 개(의), 소수(의) ▤ (only) a handful of, just[but] a few

혼동

There are only a few permissible colors of paint, white being preferred. 학평
단지 몇 가지 허용될 수 있는 색이 있으며, 흰색이 선호된다.

513 quite a few

상당수(의) ▤ a good few, not a few

I've seen this innocent question spawn brilliant research projects on quite a few occasions. EBS
나는 이러한 순수한 질문이 상당히 많은 경우에 훌륭한 연구 프로젝트를 탄생시키는 것을 보아 왔다.

514 lose sight of

1. ~을 보지 못하다, ~을 시야에서 놓치다
2. ~을 잊어버리다

1. We tend to lose sight of the basic wisdom that true success must come through hard work. 학평
   우리는 진정한 성공이 노력을 통해야 한다는 기본적인 지혜를 보지 못하는 경향이 있다.
2. We must not lose sight of the importance of face-to-face communication.
   우리는 대면 의사소통의 중요성을 잊어버려서는 안 된다.

➕ catch sight of ~을 (언뜻) 보다, ~을 찾아내다

515 be down to

1. ~ 때문이다, ~의 책임이다
2. ~만 남다

1. Ultimately, it's down to Darwin and evolution. EBS
   결국 그것은 다윈과 진화에 의한 것이다.
2. Now we're down to these two choices. EBS
   이제 우리에게는 이 두 가지 선택만 남는다.

516 at any rate

어쨌든, 하여튼 ➖ in any case[event], anyway

There is a well-known joke — to physicists, at any rate — about a dairy farmer.
어쨌든 물리학자에게는 잘 알려진 낙농업자에 관한 농담이 하나 있다. EBS

517 be reluctant to *do*

~하기를 꺼리다 ➖ be unwilling to *do*

Many social enterprises are reluctant to make use of traditional commercial finance products. 학평
많은 사회적 기업은 전통적인 상업 금융 상품을 이용하기를 꺼린다.

518
☐☐ **now that** ～이므로, ～이기 때문에 ▤ since

Now that you told me that, I'd better go get my hat before going out. ▧ EBS
네가 그렇게 말하니까, 나는 밖에 나가기 전에 가서 내 모자를 가져오는 게 낫겠다.

➕ in that ～인 점에서, ～이므로

519
☐☐ **aside from**

1. ～ 외에도, ～뿐만 아니라
   ▤ in addition to, besides, apart from
2. ～을 제외하고 ▤ except for, apart from

1. Aside from heat, magma also exchanges chemical components with the surrounding rock.
   열기 이외에도 마그마는 또한 화학적인 요소들을 주변의 바위와 교환한다.
2. The film was ordinary, but aside from that, the lead character's acting was great.
   그 영화는 평범했지만, 그것을 제외하고 주인공의 연기는 훌륭했다.

520
☐☐ **it is no use *-ing*** ～해도 소용없다

It is no use trying to convince her to change her mind.
마음을 돌리도록 그녀를 설득해 봐도 소용없다.

➕ there is no *-ing* ～할 수 없다, ～하는 것은 불가능하다

Review TEST

A 영어는 우리말로, 우리말은 영어로 쓰시오.

01 attribute A to B _____

02 clear A of B _____

03 only a few _____

04 aside from _____

05 ~에 직면하여, ~에도 불구하고 _____

06 ~에 열중[몰두]하다 _____

07 그만하기로 하다, 끝내다 _____

08 어쨌든, 하여튼 _____

B 다음 문장의 빈칸에 들어갈 표현을 골라 알맞은 형태로 쓰시오.

attend to	live up to	lose sight of
out of nowhere	be reluctant to	it is no use

01 During the class discussion, she _____ confess her ignorance.
수업 토론 중에 그녀는 자신의 무지를 고백하기를 꺼려했다.

02 Nurses were often nuns or monks who _____ the patients.
간호사는 환자를 돌보는 수녀나 승려인 경우가 많았다.

03 _____ struggling with the broken vacuum; it needs to be replaced.
고장 난 진공청소기로 고생해 봐도 소용이 없어서, 그것은 교체되어야 한다.

04 Jenny felt the need to try to _____ her sister's academic
achievements. Jenny는 자신의 언니의 학업 성취에 부응하기 위해 노력할 필요성을 느꼈다.

05 During the job interview, the interviewer suddenly asked a strange
question _____. 취업 면접 중 면접관이 난데없이 이상한 질문을 던졌다.

A 01 A를 B의 탓으로 돌리다, A를 B 때문으로 여기다 02 A에서 B를 제거하다[없애다] 03 단지 몇 개(의), 소수(의)
04 ~ 외에도, ~뿐만 아니라, ~을 제외하고 05 in the face of 06 be absorbed in 07 call it a day 08 at any rate
B 01 was reluctant to 02 attended to 03 It is no use 04 live up to 05 out of nowhere

521 strive for
~을 얻으려고 노력하다[애쓰다], ~을 추구하다
🔄 seek for, struggle for

All of us strive for the effect we want to achieve when in public.
우리는 모두 사람들 앞에 있을 때 달성하고자 하는 효과를 얻으려고 노력한다.

➕ strive to *do* ~하려고 노력하다

522 give rise to
~을 일으키다, ~을 생기게 하다
🔄 give birth to, originate, cause, provoke

Geometrical shapes can be grasped, but they do not give rise to emotion. 모평
기하학적 모형은 이해는 될 수 있지만, 감정을 일으키지는 않는다.

523 call for
1. ~을 요구하다 🔄 ask for, demand
2. ~을 필요로 하다 🔄 require, need

1. Only 17 himself, my father called for equality for African Americans. 학평
고작 그의 나이 17세에, 나의 아버지는 아프리카계 미국인의 평등을 요구했다.

2. The emergency situation calls for immediate action by the authorities to ensure public safety.
그 비상 상황은 국민의 안전을 보장하기 위해 당국의 즉각적인 조치를 필요로 한다.

➕ call for somebody 누군가를 데리러 가다

524 an army of
한 무리의, ~의 무리[집단]

An army of agribots replaces human workers for a wide range of tasks. 교과서
애그리봇 군단은 광범위한 작업에서 인간 노동자를 대체한다.

---

525 **be accompanied by** ~을 동반[수반]하다

Kant claims that moral judgments are accompanied by moral feelings. `EBS`
Kant는 도덕적 판단이 도덕적 감정을 수반한다고 주장한다.

---

526 **of necessity** 당연히, 필연적으로 ■ necessarily, inevitably

Studies of brain evolution are of necessity indirect but incorporate a variety of tools.
뇌의 진화 연구는 당연히 간접적이지만 다양한 도구를 포함한다.

---

527 **as for** ~에 관해 말하자면 ■ as to, regarding, concerning

As for the two composers, Bach and Schubert, the number of performances steadily increased. `학평`
두 명의 작곡가 바흐와 슈베르트에 관해 말하자면, 공연 횟수가 꾸준히 늘었다.

---

528 **be[get] stuck in** ~에 갇히다, ~에 빠져 꼼짝 못하다

I can quickly get stuck in a rut where I put on the same songs over and over.
나는 같은 노래를 반복해서 트는 관습에 빨리 갇힐 수가 있다. `모평`

---

529 **cut back on** ~을 줄이다, ~을 삭감하다 ■ cut down on, reduce

The country has cut back on defense spending to focus on other priorities.
그 나라는 다른 우선순위에 집중하기 위해 국방비를 삭감해 왔다.

530
enter into

1. (논의·처리 등을) 시작하다
2. (관계·협약 등을) 맺다 ▤ form, conclude, contract

1. Many people will find it justified to enter into armed conflict to protect democratic societies. ┃ EBS ┃
많은 사람은 민주주의 사회를 보호하기 위해 무장 충돌에 돌입하는 것이 정당화된다고 생각할 것이다.

2. The two rival companies decided to enter into an alliance to strengthen their position in the market.
두 경쟁사는 시장에서의 자사의 입지를 강화하기 위해 제휴를 맺기로 했다.

531
behind[at] the wheel

운전하고 있는

I'll just be more careful when I'm behind the wheel. ┃ EBS ┃
나는 운전하고 있을 때 더욱 조심할 것이다.

532
go along with

~에 따르다, ~에 동조하다, ~에 찬성하다 ▤ agree with

혼동

Followers can be defined by their behavior of going along with leaders' wishes.
추종자는 리더의 바람에 따르는 자신들의 행동에 의해 정의될 수 있다. ┃ 학평 ┃

533
get along (with)

(~와) 잘 지내다

You might think that introverts and extroverts do not get along. ┃ 교과서 ┃
내향적인 사람과 외향적인 사람이 잘 지내지 못한다고 생각할 수도 있다.

534 **in excess of** ~을 초과하여, ~ 이상으로 ⊟ more than, over

A molecule of *lignin* has a complex structure, with a molecular weight in excess of 10,000 g/mol. EBS

'목질소' 분자는 복잡한 구조로 되어 있으며, 분자의 무게는 몰(mol)당 1만 그램을 초과한다.

535 **let alone** ~은 말할 것도 없이, ~은 물론
⊟ not to mention, not to speak of, to say nothing of, needless to say

With all these jars on the floor, there was hardly any space to sit, let alone lie down. 교과서

이 모든 항아리들이 바닥에 있어서 눕기는 물론이고 앉을 공간도 거의 없었다.

➕ let[leave] ~ alone ~을 혼자 있게 해 주다[내버려두다]

536 **nothing more than** ~에 불과한 (것), ~에 지나지 않는 (것)

Most of the industry is driven by vanity and offers nothing more than the chance to appear younger. EBS

그 산업의 대부분은 허황한 것에 의해 이끌리고 더 젊어 보일 수 있는 기회에 불과한 것만 제공한다.

➕ nothing less than 다름 아닌 바로, 그야말로

537 **trial and error** 시행착오

Importation programs, to date, are largely a matter of trial and error. 모평

도입 프로그램들은 지금까지 대체로 시행착오의 문제이다.

---

538 at work
1. 작용하여 🔳 in action
2. 일하는, 작업 중인 🔳 working

1. We can safely see the physical forces of landscape formation at work. **EBS**
우리는 경관 형성의 물리적 힘이 작용하고 있는 것을 안전하게 볼 수 있다.

2. You can watch all the budding sand artists hard at work. **EBS**
여러분은 모든 신인 모래 예술가가 열심히 작업하고 있는 모습을 볼 수 있다.

---

539 beside oneself   제정신이 아닌, 이성을 잃고

Upon hearing the devastating news, he was beside himself with profound grief.
참담한 소식을 듣자마자 그는 깊은 슬픔으로 제정신이 아니었다.

---

540 so[as] far as ~ be concerned   ~에 관한 한

So far as communication between humans is concerned, such commonality of interests is rarely achieved. **모평**
인간 사이의 의사소통에 관한 한, 이런 흥미의 공통성이 거의 이루어지지 않는다.

➕ as[so] far as it goes 어느 정도는

A 영어는 우리말로, 우리말은 영어로 쓰시오.

01 an army of _____

02 be stuck in _____

03 behind the wheel _____

04 nothing more than _____

05 ~을 요구하다, ~을 필요로 하다 _____

06 당연히, 필연적으로 _____

07 ~와 잘 지내다 _____

08 시행착오 _____

B 다음 문장의 빈칸에 들어갈 표현을 골라 알맞은 형태로 쓰시오.

strive for	give rise to	cut back on
be accompanied by	in excess of	enter into

01 Therefore, we should _____ the budget of all government
departments. 그러므로 우리는 모든 정부 부서의 예산을 삭감해야 한다.

02 The company's profits reached figures _____ $1 million for the
first time. 그 회사의 이익은 처음으로 1백만 달러를 초과하는 수치에 이르렀다.

03 The invention of the Internet _____ a new era of global
information sharing. 인터넷의 발명은 글로벌 정보 공유의 새로운 시대를 낳았다.

04 Exchanging vows, they were _____ a lifelong commitment of love
and marriage. 서약을 주고받으며 그들은 사랑과 결혼이라는 평생 헌신을 시작하고 있다.

05 She consistently _____ perfection, setting high standards for
herself in every pursuit.
그녀는 추구하는 모든 일에 높은 기준을 설정하고, 끊임없이 완벽을 얻으려고 노력한다.

A 01 한 무리의, ~의 무리[집단] 02 ~에 갇히다, ~에 빠져 꼼짝 못하다 03 운전하고 있는 04 ~에 불과한 (것), ~에 지나지
않는 (것) 05 call for 06 of necessity 07 get along with 08 trial and error
B 01 cut back on 02 in excess of 03 gave rise to 04 entering into 05 strives for

541 correspond to
1. ~에 상응하다, ~에 해당하다
2. ~에 부합하다, ~에 일치하다

1. The Sun's surface cooled by about 6°C corresponding to an increase in the number and the size of sunspots. [EBS]
태양 표면은 흑점의 수와 크기의 증가에 상응하여 섭씨 약 6도 냉각되었다.

2. The words that make up our language systems do not directly correspond to something in reality. [EBS]
우리의 언어 체계를 구성하는 어휘들은 현실의 어떤 것과 직접적으로 일치하지 않는다.

➕ correspond with ~와 편지[서신]를 주고받다

542 not to mention
~은 말할 것도 없이, ~은 물론이고
⊟ let alone, to say nothing of, not to speak of, needless to say

The realities of driving are the rising costs of motoring, not to mention the occasional accident. [EBS]
운전의 현실은 간간이 일어나는 사고는 말할 것도 없이 자동차 운행 비용 상승이다.

543 be worthy of
~의 가치[자격]가 있다, ~을 받을 만하다
⊟ be worth, deserve

Edison's electric light is worthy of study for other reasons. [학평]
에디슨의 전구는 다른 이유들 때문에 연구의 가치가 있다.

544 in essence
본질적으로 ⊟ essentially, fundamentally, basically

In essence, crowdfunding is the fusion of social networking and venture capitalism. [학평]
본질적으로 크라우드 펀딩은 소셜 네트워킹과 벤처 자본주의의 융합이다.

➕ of the essence 절대적으로 중요한[필요한]

---

545 give way to

1. ~으로 바뀌다[대체되다]
2. ~에 양보하다, ~에 자리를 내주다
3. ~에 굴복하다[항복하다] ■ surrender to

1. As Farish and I walked, brown sandstones gave way to pink limestones.
   Farish와 내가 걸어가다 보니, 갈색 사암이 분홍색 석회암으로 바뀌었다. 〔학평〕
2. 'Less is more' gave way to 'more and more.' 〔EBS〕
   '더 적은 것이 더 좋다'가 '점점 더 많이'에 자리를 내주었다.
3. The rusty lock on the door finally gave way to the locksmith's skilled hands.
   문에 있는 녹슨 자물쇠가 마침내 자물쇠 장인의 숙련된 손에 굴복했다.

---

546 pride oneself on

~을 자랑스럽게 여기다, ~을 자랑하다
■ be proud of, take pride in

Mr. Paulson prided himself on his ability to find a way to connect with his pupils. 〔EBS〕
Paulson 씨는 자신의 학생들과 가까워지는 방법을 찾아내는 자신의 능력을 자랑스럽게 여겼다.

---

547 contrary to

~와 반대로 ■ in opposition to

Contrary to popular belief, running on concrete is not damaging to the legs.
일반적인 생각과 반대로, 콘크리트에서 달리는 것은 다리에 손상을 입히지 않는다. 〔모평〕

＋ act contrary to ~에 거역하다

---

548 inherit from

~에서 물려받다[이어받다]

Many children never change the affiliation they inherited from their parents.
많은 아이들이 자신들이 부모로부터 물려받은 소속을 절대 바꾸지 않는다. 〔EBS〕

＋ inherit A from B B에게서 A를 물려받다

549 lose one's temper　　화를 내다

It is a personal decision to stay in control and not to lose your temper. **학평**
그것은 평정심을 유지하고 화내지 않겠다는 개인의 결심이다.

➕ keep[control] one's temper (성내지 않고) 참다, 침착함을 잃지 않다

550 a majority of　　대다수의

혼동

Until the last few generations, a majority of people have lived close to subsistence. **EBS**
지난 몇 세대 전까지 대다수의 사람이 최저 생계에 가깝게 살아 왔다.

➕ by a majority of ～의 차(差)로

551 a minority of　　소수의

In the survey, a minority of people with a keen eye for detail noticed the subtle changes in the artwork.
그 조사에서, 세목에 예리한 안목을 가진 소수의 사람이 그 작품의 미묘한 변화를 알아챘다.

552 go about
1. 처리하다[다루다] ➖ deal with
2. 시작하다, 착수하다 ➖ start
3. 계속하다

1. A second study showed how you might go about the problem. **EBS**
두 번째 연구는 여러분이 그 문제를 어떻게 다룰 수 있는지를 보여 주었다.

2. As you go about your day, you effortlessly understand most of the information going into your eyes. **학평**
하루를 시작할 때, 여러분은 눈으로 들어오는 정보 대부분을 쉽게 이해한다.

3. Please go about your daily routine as if I weren't in the house.
마치 제가 집에 없는 것처럼 당신의 일과를 계속하세요.

553 **refrain from -*ing*** ~하는 것을 삼가다[자제하다] ⬛ restrain oneself from -*ing*

Teachers should definitely refrain from revealing deeply negative details. 〔EBS〕
교사들은 매우 부정적인 세부 사항들을 드러내는 것을 분명히 삼가야 한다.

554 **resort to** ~에 의지하다 ⬛ depend on, turn to

People regularly fail to apply their 'will power' and resort to old habits. 〔EBS〕
사람들은 어김없이 자신의 '의지력'을 쏟는 데 실패하고 오래된 습관에 의지한다.

555 **around the clock** 24시간 내내

Your brain buzzes with activity around the clock.
여러분의 두뇌는 24시간 내내 활동으로 부산하다.

556 **be short of** ~이 부족하다[모자라다] ⬛ fall short of

Growth is inhibited before the plant is so short of water that it wilts visibly.
식물이 물이 너무 부족해서 눈에 띄게 시들기 전에 성장이 억제된다. 〔EBS〕

557 **be liable to *do*** ~하기 쉽다, ~할 것 같다 ⬛ be likely to *do*, be apt to *do*

People are liable to dismiss their real-world problems and lose their individuality. 〔EBS〕
사람들은 현실 세계의 문제를 묵살하고 자신들의 개성을 상실하기 쉽다.

➕ be liable for ~의 책임이 있다

558
break new ground   새 분야를 개척하다, 신기원을 이루다

The innovative research conducted by the team will break new ground in the field of renewable energy.
그 팀이 수행한 혁신적인 연구는 재생 에너지 분야의 새로운 경지를 개척할 것이다.

559
hold on to
1. 단단히 잡다, 꼭 붙잡다 ▤ grasp
2. ~을 고수하다, ~을 계속 유지[보유]하다
   ▤ stick[cling/adhere] to

1. In the dark cave, she tried desperately to hold on to the wall.
   어두운 동굴 속에서 그녀는 필사적으로 벽을 꼭 붙잡으려 애썼다.
2. When their ways were threatened, they fought to hold on to them, to the death. 학평
   그들의 방식이 위협받았을 때, 그들은 그것을 고수하기 위해 죽을 때까지 싸웠다.

➕ hold onto ~에 매달리다, ~을 꼭 잡다   hold on ~을 계속 잡고 있다
   hold fast to ~을 계속 고수하다

560
substitute A for B   B를 A로 대체하다 ▤ replace[substitute] B with A

Around the 1980s, some adolescents substituted the word *bad* for good. EBS
1980년대 무렵, 몇몇 청소년들은 good을 'bad'라는 단어로 대체했다.

➕ substitute for ~을 대신하다, ~을 대체하다

A 영어는 우리말로, 우리말은 영어로 쓰시오.

01 not to mention _____

02 give way to _____

03 pride oneself on _____

04 substitute A for B _____

05 본질적으로 _____

06 ～와 반대로 _____

07 24시간 내내 _____

08 새 분야를 개척하다 _____

B 다음 문장의 빈칸에 들어갈 표현을 골라 알맞은 형태로 쓰시오.

correspond to	inherit from	be short of
refrain from	be liable to	hold on to

01 Their children tried to _____ indulging in unhealthy snacks.
그들의 자녀들은 건강에 해로운 간식을 탐닉하는 것을 삼가려 노력했다.

02 We _____ cash, so we decided to postpone our vacation plans.
우리는 현금이 부족했기 때문에, 휴가 계획을 연기하기로 결정했다.

03 Some isolated tribes of hunter-gatherers _____ their traditional
way of life. 일부 고립된 수렵 채집 부족은 자신들의 전통적인 생활 방식을 고수했다.

04 Her artistic talent was _____ her grandmother, who was a
renowned painter. 그녀의 예술적 재능은 유명한 화가였던 자신의 할머니에게서 물려받았다.

05 His actions and decisions always _____ the principle of honesty
and integrity. 그의 행동과 결정은 항상 정직과 성실이라는 원칙에 부합한다.

A 01 ～은 말할 것도 없이, ～은 물론이고 02 ～으로 바뀌다[대체되다], ～에 양보하다, ～에 자리를 내주다, ～에 굴복하다[항복하다] 03 ～을 자랑스럽게 여기다, ～을 자랑하다 04 B를 A로 대체하다 05 in essence 06 contrary to 07 around the clock 08 break new ground
B 01 refrain from 02 were short of 03 held on to 04 inherited from 05 correspond to

---

561
☐☐ **be compelled to** *do*　　　어쩔 수 없이 ~하다, ~하지 않을 수 없다
　　　　　　　　　　　　　　　■ be forced[obliged] to *do*

The protagonist is challenged by the plot and compelled to make a choice.
주인공은 줄거리에 도전받고 어쩔 수 없이 선택한다.　　　　　　　　　　**학평**

562
☐☐ **keep pace with**　　　~와 보조를 맞추다, ~에 따라가다
　　　　　　　　　　　■ keep up with, keep step with

That's a different way to look at law, and one that is necessary if law is to keep pace with technology. **EBS**
그것은 법을 바라보는 다른 방식이고, 법이 기술과 보조를 맞추려면 꼭 필요한 것이다.

563
☐☐ **play a role (in)**　　　(~에서) 역할을 하다 ■ play a part (in)

Schools can play a role in promoting participation by offering a variety of activities.
학교는 다양한 활동을 제공함으로써 참여를 증진하는 역할을 할 수 있다.

➕ play a key[significant] role 핵심[중요한] 역할을 하다

564
☐☐ **feed on**　　　~을 먹고 살다 ■ live on

Slime molds feed on dead plant material, so they can be found on grass and on trees! **교과서**
점균류는 죽은 식물 물질을 먹고 살아서, 그것들은 풀이나 나무에서 발견될 수 있다!

565 be typical of ~의 전형이다

Though elementary, this example is typical of many normative arguments.
비록 단순하지만, 이 예는 많은 규범적 주장들의 전형이다. `EBS`

---

566 transform A into B A를 B로 변형시키다[바꾸다] ➡ convert A into B

The magician's tricks seemed to transform ordinary objects into something extraordinary right before our eyes.
마술사의 묘기는 평범한 물건들을 우리의 바로 눈앞에서 특별한 것으로 바꾸는 것처럼 보였다.

➕ be transformed into ~으로 변형되다

---

567 on the basis of ~에 근거하여 ➡ based on[upon], according to

Decisions should be made objectively on the basis of merit, quality, or achievement. `EBS`
결정은 가치, 특성, 혹은 업적에 근거하여 객관적으로 내려져야 한다.

DAY 29

---

568 struggle with ~와 씨름하다, ~으로 고심하다, ~와 싸우다
➡ strive with[against], suffer from

Many people who struggle with difficult emotions also struggle with eating problems. `EBS`
힘겨운 감정과 씨름하는 많은 사람은 또한 섭식 문제와 씨름한다.

➕ struggle over ~을 두고 싸우다   struggle to *do* ~하려고 고투하다

---

569 □□ **in distress** 곤경에 처한, 고통받고 있는 **目** in trouble, in difficulty[misery]

James thought he had an excellent opportunity to help a man in distress. 〔학평〕
James는 자신이 곤경에 처한 사람을 도울 아주 좋은 기회를 얻었다고 생각했다.

---

570 □□ **let go of** ~을 놓아주다, ~을 버리다 **目** release, give up

The law of detachment is an invitation to let go of our desires, wishes, and
dreams. 〔EBS〕
초탈의 법칙은 우리의 욕망, 소망, 꿈을 놓아주라는 제안이다.

---

571 □□ **blow up** 1. 폭파하다, 폭발하다 **目** explode
2. 바람을 넣다, 부풀리다 **目** inflate

1. Your job is to place explosives to blow up the structure.
   당신의 일은 그 구조물을 폭파하기 위해 폭발물을 설치하는 것이다.

2. It took about 15 minutes to blow up the air mattress to a desired use.
   그 에어 매트리스를 원하는 용도로 부풀리는 데 약 15분 정도 걸렸다.

---

572 □□ **relieve A of B** A에게서 B(짐·부담·책임 등)를 없애다[덜어 주다]

Revealing our grief relieves us of carrying the burden completely alone. 〔EBS〕
우리의 슬픔을 드러내는 것은 우리에게서 그 짐을 완전히 혼자 짊어지는 것을 덜어 준다.

➕ be relieved of ~을 덜다

573 be comparable to 　　　~에 필적하다, ~에 비길 만하다

One posits that the Internet is comparable to a biological species. `EBS`
어떤 이는 인터넷이 생물학적 종에 비길 만하다고 단정한다.

574 and so forth 　　　~ 등등, ~ 따위 ▣ and the like, and so on, etc.

Mental maps guide individuals' behavior by influencing their values, norms, roles, and so forth. `EBS`
마음 지도는 개인의 가치관, 규범, 역할 등에 영향을 미침으로써 그들의 행동을 안내한다.

575 come into effect 　　　시행되다, 발효하다

The new traffic regulations will come into effect starting this November.
새로운 교통 규정은 올해 11월부터 시행될 것이다.

➕ put ~ into effect ~을 실행하다

576 have a regard for 　　　~을 존경[존중]하다 ▣ pay respect to

As a team leader, it is essential to have a regard for the opinions of your team members.
팀 리더로서 여러분의 팀원들의 의견을 존중하는 것이 중요하다.

➕ have a disregard for[of] ~을 무시하다

577 be convinced of 　　　~을 확신하다

I was not fully convinced of what the outcome would be. `학평`
나는 그 결과가 어떠할지 완전히 확신하지 못했다.

---

578 **at a time**　　　　한 번에, 동시에

혼동

Instead of building one car at a time, Ransom Olds created the assembly line.
한 번에 한 대의 자동차를 만드는 대신에, Ransom Olds는 조립 라인을 고안했다.　　　학평

---

579 **at times**　　　　때때로, 가끔은
🔁 sometimes, once in a while, from time to time

The effect allows the Moon to at times block out the brilliance of the Sun. 🔴 EBS
그 효과 때문에 달은 때때로 태양의 밝음을 가릴 수 있다.

---

580 **at all times**　　　　항상, 언제나 🔁 always, all the time

We must ensure that the emergency exits are accessible and unobstructed at all times.
우리는 비상구가 항상 접근할 수 있고 장애물이 없도록 확실히 해야 한다.

A 영어는 우리말로, 우리말은 영어로 쓰시오.

01 be compelled to *do* _____

02 in distress _____

03 and so forth _____

04 have a regard for _____

05 A를 B로 변형시키다 _____

06 ~에 근거하여 _____

07 ~에 필적하다, ~에 비길 만하다 _____

08 항상, 언제나 _____

B 다음 문장의 빈칸에 들어갈 표현을 골라 알맞은 형태로 쓰시오.

keep pace with	be typical of	struggle with
let go of	come into effect	be convinced of

01 Nepal _____ its plan to revive the wild water buffalo population.
네팔은 야생 물소 개체수를 회복하기 위한 계획을 확신했다.

02 Training development strategies have to _____ the rapid changes.
훈련 개발 전략은 급속한 변화와 보조를 맞추어야 한다.

03 They comply with new technical requirements that _____ in the
spring. 그들은 봄에 시행된 새로운 기술 요구 사항을 준수한다.

04 Jane was able to _____ her resentment and experience a sense
of peace. Jane은 자신의 분노를 버리고 평화의 느낌을 경험할 수 있었다.

05 The ancient architecture of the castle _____ the region's rich
cultural heritage. 그 성의 고대 건축물은 그 지역의 풍부한 문화유산의 전형이었다.

A **01** 어쩔 수 없이 ~하다, ~하지 않을 수 없다 **02** 곤경에 처한, 고통받고 있는 **03** ~ 등등, ~ 따위 **04** ~을 존경[존중]하다
05 transform A into B **06** on the basis of **07** be comparable to **08** at all times
B **01** was convinced of **02** keep pace with **03** came into effect **04** let go of **05** was typical of

---

581 □□ **in relation to**

1. ~와 관련하여 🔁 about, concerning, regarding
2. ~와 비교하여 🔁 by[in] comparison with

1. I might then re-experience my condition in relation to this new depiction. ┃EBS┃
   그러면 나는 이 새로운 묘사와 관련하여 나의 상태를 다시 경험할 수도 있다.

2. In relation to the number of practitioners, the demand for athletes' services is much larger than in either health care or education. ┃EBS┃
   종사자 수와 비교하여, 운동선수의 서비스에 대한 수요는 의료 서비스나 교육 어느 것에 있어서보다 훨씬 더 많다.

---

582 □□ **in principle**

1. 원칙적으로, 이론상으로
2. 대체로 🔁 generally, mostly, overall, by and large, in general, on the whole

1. The effects are similar in principle to 3-D art, motion pictures, or visual illusions. ┃학평┃
   그 효과들은 원칙적으로 3-D 아트, 모션 픽처, 또는 착시와 비슷하다.

2. Large corporations can in principle decide what information we have.
   대기업들은 대체로 우리가 어떤 정보를 가지고 있는지 결정할 수 있다.

---

583 □□ **be entitled to** *do*   ~할 권리[자격]가 있다 🔁 have a[the] right to *do*

All people are entitled to fulfill themselves through their occupational careers. ┃EBS┃
모든 사람은 자신의 직장 생활을 통해 자아를 성취할 권리가 있다.

---

584 □□ **work from home**   재택근무하다

I bought the desk because nowadays I sometimes work from home. ┃EBS┃
나는 요즘 가끔 재택근무를 하기 때문에 그 책상을 샀다.

---

585 □□ **on top of**　　　　　~에 더하여, ~ 외에 **目** in addition to, besides

The business-to-business service contracts are layered on top of software sales. 모평

기업 대 기업 간 서비스 계약은 소프트웨어 판매에 더하여 층층이 쌓인다.

+ on top of that 게다가

---

586 □□ **be dedicated to**　　　　~에 전념하다, ~에 헌신하다 **目** be devoted to

There is an international organization that is dedicated to the promotion of tug of war. 교과서

줄다리기의 진흥에 헌신하는 국제 조직이 있다.

+ dedicate A to B A를 B에 집중하다[바치다/전념하다]

---

587 □□ **identify A with B**　　　　A와 B를 동일시하다

혼동

For this reason, it is most difficult to identify autonomy with preference satisfaction. EBS

이러한 이유 때문에, 자율성을 선호의 충족과 동일시하기는 매우 어렵다.

+ be identified with ~와 동일시되다

---

588 □□ **identify A as B**　　　　A를 B로 확인하다[식별하다], A를 B라고 여기다

We often identify teens as the great beneficiaries of this new cosmopolitanism.

우리는 흔히 십 대를 이 새로운 세계주의의 큰 수혜자라고 여긴다. EBS

+ be identified as ~으로 확인되다[밝혀지다]

---

589 □□ a handful of

1. 소수의
2. 한 줌의

1. There's only a handful of people that are earning an average salary of $57,000 or higher. 교과서
오직 소수의 사람만이 평균 연봉인 57,000달러나 그 이상을 벌고 있다.

2. One brilliant monkey threw handfuls of the mixture into the water. EBS
한 영리한 원숭이가 몇 줌의 그 혼합물을 물속에 던졌다.

---

590 □□ given that

~을 고려하면 ▣ considering that

All of this makes perfect sense, given that chimpanzees live in groups for a reason. EBS
침팬지가 이유가 있어서 무리를 지어 산다는 것을 고려하면 이 모든 것이 완전히 이해된다.

---

591 □□ serve as

~의 역할을 하다, ~으로 근무하다

Movies may be said to serve as a means for the reproduction of the dominant culture over time. 수능
영화는 시간이 지남에 따라 지배적인 문화를 재생산하는 수단의 역할을 한다고 말할 수도 있다.

---

592 □□ come to an end

끝나다, 막이 내리다 ▣ come to a close

When the music came to an end, they embraced passionately and cried tears of joy. 교과서
음악이 끝났을 때 그들은 열정적으로 껴안고 기쁨의 눈물을 흘렸다.

593
☐☐ **pros and cons** 찬반양론, 장단점

Now, we must conclude today's discussion about the pros and cons of a cashless society. 교과서
이제 우리는 현금 없는 사회의 찬반양론에 관한 오늘의 토론을 결론지어야 한다.

594
☐☐ **be meant to *do***

1. ~하기로 되어 있다 ◙ be supposed to *do*
2. ~할 의도이다, ~하고자 하다 ◙ be intended to *do*

1. I don't think we're meant to keep in touch with so many people. EBS
나는 우리가 그렇게 많은 사람과 계속 연락하기로 되어 있다고 생각하지 않는다.

2. Even dishonesty that was meant to protect employee morale will eventually be exposed. EBS
직원의 사기를 보호하고자 하는 부정직함도 결국 노출될 것이다.

595
☐☐ **to some extent** 어느 정도, 다소, 얼마간 ◙ to some degree

The new training program improved to some extent the team's performance.
새로운 교육 프로그램은 팀의 성과를 어느 정도 향상했다.

596
☐☐ **hang out (with)** (~와) 시간을 보내다, (~와) 어울리다

There was always someone in the house to play or hang out with. EBS
집에는 같이 놀거나 같이 시간을 보낼 사람이 항상 있었다.

➕ hang out at ~에 자주 가다

---

597 **compensate for**　　　~을 보충하다, ~을 보상[보완]하다　🔳 make up for

He brought to his works an originality that compensated for his lack of technical expertise. 〔 EBS 〕

그는 자신의 작품에 그의 기술적 전문성의 부족을 보완하는 독창성을 불어넣었다.

---

598 **a great deal of**　　　많은, 다량의　🔳 lots[a lot] of, a good deal of, a host of

Air moving from the Pacific Ocean toward the land usually has a great deal of moisture in it. 〔 학평 〕

태평양에서 육지로 이동하는 공기는 보통 많은 수분을 그 안에 가지고 있다.

---

599 **at the moment**　　　지금(은), 현재(는)　🔳 for now, right now

Manfred may simply display what he feels at the moment. 〔 교과서 〕

Manfred는 그저 자신이 현재 느끼는 것을 보여 줄 것이다.

---

600 **be caught in**　　　~에 휘말리다, (비 따위)를 만나다

He was caught in a riptide and carried a mile from shore.

그는 조류에 휘말려 해변에서 1마일 떨어진 곳으로 떠밀려갔다.

Review / TEST

A 영어는 우리말로, 우리말은 영어로 쓰시오.

01 in principle

02 identify A with B

03 given that

04 to some extent

05 재택근무하다

06 ~에 전념하다, ~에 헌신하다

07 소수의, 한 줌의

08 지금(은), 현재(는)

B 다음 문장의 빈칸에 들어갈 표현을 골라 알맞은 형태로 쓰시오.

in relation to	be entitled to	on top of
serve as	be meant to	be caught in

01 As she was strolling through the park, she _____ a shower.
공원을 산책하던 도중, 그녀는 소나기를 만났다.

02 The position of an object is always _____ other objects.
한 사물의 위치는 항상 다른 사물들과 관련되어 있다.

03 _____ her regular duties, she also takes on extra responsibilities at the office. 정규 업무 외에도 그녀는 사무실에서 추가적인 책임도 맡고 있다.

04 The new security measures at the airport _____ enhance passenger safety. 공항의 새로운 보안 조치는 승객의 안전을 강화할 의도이다.

05 Employees who have completed one year of service _____ receive paid vacation days. 1년간의 근무를 완료한 직원은 유급 휴가일을 받을 자격이 있다.

A 01 원칙적으로, 이론상으로, 대체로　02 A와 B를 동일시하다　03 ~을 고려하면　04 어느 정도, 다소, 얼마간　05 work from home　06 be dedicated to　07 a handful of　08 at the moment
B 01 was caught in　02 in relation to　03 On top of　04 are meant to　05 are entitled to

601 **be committed to**

~에 전념하다, ~에 헌신하다
🔁 be devoted to, be dedicated to

They are committed to jointly figuring out the correct answer to the question.
그들은 그 질문에 대한 정답을 합동으로 찾아내는 데 전념하고 있다. [EBS]

602 **irrespective of**

~와 상관없이 🔁 regardless of

Participants were inclined to cooperate irrespective of factors like age and gender. [학평]
참가자들은 나이와 성별 같은 요인과 상관없이 협동하려는 경향이 있었다.

603 **compare A with B**

A와 B를 비교하다

[혼동]

What numbers allow us to do is to compare the relative size of one set with another. [모평]
숫자로 우리가 할 수 있게 하는 것은 한 세트의 상대적인 크기를 다른 세트와 비교하는 것이다.

604 **compare A to B**

A를 B에 비유하다, A와 B를 비교하다

In his speech, the CEO compared the company's growth trajectory to a rocket soaring into the sky.
자신의 연설에서, 그 CEO는 회사의 성장 궤도를 하늘로 치솟는 로켓에 비유했다.

➕ compared to ~와 비교하여, ~에 비해

---

605 □□ be prone to *do*

~하는 경향이 있다, ~하기 쉽다
🔁 be likely to *do*, be liable[inclined] to *do*

We're all prone to overestimate our abilities as well as our power to control our destiny. `EBS`
우리는 모두 자신의 운명을 통제하는 우리의 힘뿐만 아니라 우리의 능력을 과대평가하기 쉽다.

---

606 □□ take apart

~을 분해하다, ~을 해체하다 🔁 disassemble

We took apart the family's hut to get more bricks and other materials for the new house. `교과서`
우리는 새집을 위한 벽돌과 다른 재료들을 더 얻기 위해 가족의 오두막을 해체했다.

---

607 □□ be devoid of

~이 없다, ~이 결여되다 🔁 lack in, be deficient in

Surapati could not imagine how anyone so talented could be so totally devoid of ambition. `EBS`
Surapati는 어떻게 그토록 재능 있는 사람이 그토록 야망이 없을 수 있는지 믿을 수 없었다.

---

608 □□ come around

1. 회복하다, 소생하다 🔁 recover
2. 마음[생각]을 바꾸다 🔁 change one's mind

1. After a few days of rest and medication, he began to come around.
   며칠 휴식을 취하고 약을 먹은 후, 그는 회복하기 시작했다.

2. If you can explain to her some of the basic rules, your non-fan may come around. `EBS`
   만약 당신이 팬이 아닌 사람에게 기본 규칙 중 몇 가지를 설명할 수 있다면, 그녀는 마음을 바꿀 수도 있다.

DAY
31

---

609 **immune to**

1. ~에 영향을 받지 않는
2. ~에 면역성이 있는

1. You may believe that the ocean is immune to degradation. [EBS]
여러분은 해양이 악화에 영향을 받지 않는다고 믿을 수도 있다.

2. For plants that are not immune to the toxic effects of manganese, this is very bad news. [학평]
망가니즈의 유독한 영향에 면역성이 있지 않은 식물에 있어, 이것은 매우 나쁜 소식이다.

---

610 **be equipped with**   ~을 갖추다, ~이 구비되다   ☰ be furnished with

Many predatory fish are equipped with enormous mouths and sharp teeth.
많은 포식성 물고기는 거대한 입과 날카로운 이빨을 갖추고 있다. [학평]

---

611 **lag behind**   ~보다 뒤(처)지다   ☰ fall behind

The team still tends to lag behind its competitors in terms of sales performance.
그 팀은 여전히 영업 성과 면에서 경쟁자들보다 뒤처지는 경향이 있다.

---

612 **be possessed of**   (자질·특징을) 지니고 있다

The ancient artifact was possessed of mysterious powers that captivated the curiosity of archaeologists.
그 고대 유물은 고고학자들의 호기심을 사로잡는 신비한 힘을 지니고 있었다.

➕ be possessed by ~에 지배되다[사로잡히다]

613 **in a matter of** 불과 ~ 만에

Earthquakes may occur in a matter of seconds. `EBS`
지진은 불과 몇 초 만에 발생할 수도 있다.

➕ a matter of 대략, ~의 문제[입장]   as a matter of fact 사실상, 사실은

614 **be done with** ~을 끝내다, ~을 마치다 ☰ complete, finish

I'll wash the lemons when I'm done with the laundry. `EBS`
나는 세탁을 끝낸 후에 레몬을 씻을 거예요.

615 **pay a visit** 방문하다

One day the companion was to pay the king a visit. `EBS`
어느 날 그 벗이 왕을 방문하기로 되어 있었다.

616 **block out**
1. (빛·소리 등을) 차단하다 ☰ obstruct
2. (불쾌한 생각·기억 등을) 지우다, 떨쳐 버리다

1. I installed the window blinds so that they could block out the sunlight. `EBS`
   나는 햇빛을 차단할 수 있도록 창문용 블라인드를 설치했다.

2. She'd tried to block out that part of the memory.
   그녀는 기억의 그 부분을 지우려고 애썼다.

617 on and off 때때로, 불규칙하게 🔁 irregularly, off and on

We will have heavy rains on and off through Monday night.
월요일 밤까지 폭우가 불규칙하게 내릴 것이다.

618 be susceptible to ~에 영향을 받기 쉽다, ~에 취약하다 🔁 be vulnerable to

Primitive cultures that live off the land are susceptible to hazards and diseases.
땅에 의지해서 살아 나가는 원시 문화는 위험과 질병에 취약하다. 〖 EBS 〗

619 in the course of ~하는 동안, ~하는 과정에서 🔁 during

Important alterations occur in the course of production. 〖 EBS 〗
중요한 변경이 제작하는 과정에서 생긴다.

➕ in the course of time 충분한 시간이 지나면, 머지않아

620 free up
1. 해방하다, 자유롭게 해 주다 🔁 liberate
2. 확보하다 🔁 secure

1. Trade deregulation has not freed up movement of people. 〖 EBS 〗
무역 규제 완화가 사람들의 이동을 자유롭게 해 주지는 못했다.

2. Clearing out the clutter from your desk will free up space.
너의 책상에서 잡동사니를 치우면 공간을 확보할 것이다.

A 영어는 우리말로, 우리말은 영어로 쓰시오.

01 be committed to _____

02 compare A to B _____

03 be devoid of _____

04 be susceptible to _____

05 ~와 상관없이 _____

06 ~보다 뒤(처)지다 _____

07 때때로, 불규칙하게 _____

08 ~하는 동안, ~하는 과정에서 _____

B 다음 문장의 빈칸에 들어갈 표현을 골라 알맞은 형태로 쓰시오.

be prone to	take apart	immune to
be equipped with	block out	free up

01 The new smartphone model _____ advanced camera features.
새로운 스마트폰 모델은 향상된 카메라 기능을 갖추고 있다.

02 The mechanic had to _____ the engine to make the necessary
repairs. 정비공은 필요한 수리를 하기 위해 엔진을 분해해야 했다.

03 She _____ get motion sickness, so she avoids long car rides
whenever possible. 그녀는 멀미가 나는 경향이 있어서, 가급적 장시간 차를 타는 것을 피한다.

04 He was _____ new ideas and refused to consider any innovative
suggestions. 그는 새로운 생각에 영향을 받지 않았고 혁신적인 제안을 고려하지 않기도 했다.

05 Finishing his urgent tasks, he was able to _____ some time to
spend with his family.
급한 업무를 끝내서 그는 가족과 함께 보낼 수 있는 시간을 확보할 수 있었다.

A 01 ~에 전념하다, ~에 헌신하다 02 A를 B에 비유하다, A와 B를 비교하다 03 ~이 없다, ~이 결여되다 04 ~에 영향을
받기 쉽다, ~에 취약하다 05 irrespective of 06 lag behind 07 on and off 08 in the course of
B 01 is equipped with 02 take apart 03 is prone to 04 immune to 05 free up

---

621
□□ **independent of**

1. ~으로부터 독립되어
2. ~와 무관한, ~에 구애받지 않는

1. The free press is generated by private citizens independent of government censorship and control. EBS
   자유 언론은 정부의 검열과 통제로부터 독립되어 민간 시민들에 의해 만들어진다.
2. It is a homeostatic mechanism that is independent of the cycles of day and night. EBS
   그것은 낮과 밤의 순환과 무관한 항상성 메커니즘이다.

➕ independently of ~와는 관계없이, ~와는 별도로

622
□□ **allow for**

1. ~을 고려하다, ~을 참작하다
   ➡ take ~ into account[consideration], take account of
2. ~을 가능하게 하다, ~을 허용하다

1. The self-set standards should be reasonable and allow for massive procrastination. EBS
   스스로 설정한 기준은 합리적이어야 하고 엄청난 미루기를 고려해야 한다.
2. Mass production allowed for accessibility and affordability of products. 모평
   대량 생산은 제품에 대한 접근성과 구매 비용 감당을 가능하게 했다.

623
□□ **be packed with**

~으로 가득 차다 ➡ be full of, be crowded with

The concert hall was packed with enthusiastic fans.
그 공연장은 열광적인 팬들로 가득 찼다.

624
□□ **in (the) light of**

~의 관점에서, ~에 비추어 보면

Nothing in biology makes sense except in the light of evolution. EBS
생물학에서 어떤 것도 진화의 관점을 제외하면 이치에 맞지 않는다.

---

625 □□ **hold together**

1. 연결하다, 단결시키다 ᆯ unite
2. 일관되다
3. 유지하다 ᆯ maintain

1. Everything in society is held together, governed and even constituted by law. `EBS`
   사회에 있는 모든 것은 법으로 연결되고, 지배되며, 심지어 구성된다.

2. If a report holds together, it is considered objective. `EBS`
   보고서가 일관되면 그것은 객관적이라고 간주된다.

3. If each person could demand exemptions from the law, then the law would be powerless to hold society together. `EBS`
   만약 각 개인이 법으로부터의 면제를 요구할 수 있다면, 그렇다면 법은 사회를 유지할 능력이 없을 것이다.

---

626 □□ **kick in**

효과가 나타나기 시작하다, 활성화되다

After a certain point, the cats' motherly instincts would kick in. `EBS`
어느 시점 이후, 고양이들의 모성 본능이 활성화됐다.

---

627 □□ **impose A on B**

1. A를 B에게 부여[부과]하다
2. A를 B에게 강요하다

1. Psychology seeks to impose order on human experience and behavior. `모평`
   심리학은 인간의 경험과 행동에 질서를 부여하고자 한다.

2. The authority figures who impose their preferred meanings on our messy music have changed over the centuries. `EBS`
   우리의 혼란스러운 음악에 자신들이 선호하는 의미를 강요하는 권위 있는 인물들은 오랜 세월에 걸쳐 변화해 왔다.

➕ be imposed on ～에게 부과되다

---

628 □□ **on site**

현장에서

There will be a photographer on site to take family photos. `모평`
가족사진을 촬영해 줄 사진사가 현장에서 대기할 것이다.

DAY
32

629 □□ **be inclined to *do***

1. ~하는 경향이 있다
   ■ tend to *do*, be apt[prone] to *do*, have a tendency to *do*
2. ~하고 싶어지다 ■ feel like -*ing*

1. Teens are usually not inclined to consider all the consequences of their actions. 교과서
   십 대들은 보통 자신들의 행동의 모든 결과를 고려하는 경향이 없다.

2. As demand grows, residents are inclined to maximize their benefits. EBS
   수요가 늘면서, 주민들은 자신들의 이익을 극대화하고 싶어진다.

630 □□ **out of sight**

눈에 보이지 않는 (곳에)

Unhealthy foods are kept out of sight, making it easier to maintain a balanced diet.
건강에 해로운 음식이 보이지 않는 곳에 보관되어, 균형 잡힌 식단을 유지하기가 더 쉬워진다.

631 □□ **by definition**

1. 정의상, 의미상
2. 당연히

1. Utterances are, by definition, dialogical. EBS
   발화는 정의상 대화체이다.

2. By definition, a world constructed from the familiar is a world in which there's nothing to learn. EBS
   당연히, 익숙한 것으로부터 구성되는 세계는 배울 것이 없는 세계이다.

632 □□ **originate in**

~에서 유래하다, ~에서 비롯하다 ■ derive from, stem from

Food trucks can move around, and many sell food that originated in other countries. 교과서
푸드 트럭은 이곳저곳으로 이동할 수 있고, 다수가 다른 나라에서 유래한 음식을 판다.

---

633 **at the expense of**
1. ~을 희생하면서
2. ~의 비용으로[대가로] ➡ at the cost[price] of

1. Consumers do not like profits to come at the expense of people. 〔EBS〕
   소비자들은 사람들을 희생하면서 이익이 발생하는 것을 좋아하지 않는다.
2. The project was completed, but it came at the expense of taxpayers.
   그 프로젝트는 완성되었지만, 그것은 납세자의 비용으로 이루어졌다.

---

634 **be subject to**
1. ~의 영향을 받다, ~의 지배를 받다
2. ~하기 쉽다

혼동

1. Our company is subject to the regulations and laws of the countries in which
   we operate.
   우리 회사는 우리가 영업하는 나라의 규정과 법의 영향을 받는다.
2. The framework of law which governs business activities is subject to
   constant change. 〔EBS〕
   사업 활동을 통제하는 법률 체계는 끊임없이 변화하기 쉽다.

➕ subject A to B A가 B의 영향을 받게 하다, A에게 B를 당하게 하다

---

635 **be subjected to**
~을 받다, ~을 겪다[당하다], ~에 시달리다
➡ undergo, suffer, go through

Those who had been subjected to a confusing mess of signals produced more
original word associations. 〔EBS〕
혼란을 주는 많은 신호를 받은 사람들은 더 독창적인 단어 연상을 만들어 냈다.

DAY
32

---

636 **as a whole**
전체적으로, 대체로
➡ generally, all in all, on the whole, by and large

As a whole, they do not eat enough fiber in Britain.
대체로 그들은 영국에서 충분한 섬유질을 섭취하지 않는다.

637
□□ **on behalf of**

1. ~을 대신하여, ~을 대표하여
   ■ on one's behalf, as a representative of, in place of
2. ~을 위해서 ■ for the sake[good/benefit] of

1. The lawyer spoke eloquently in the courtroom on behalf of her client.
   그 변호사는 자신의 의뢰인을 대신하여 법정에서 설득력 있게 의견을 말했다.
2. The school decided to cancel the field trip on behalf of the students' safety.
   그 학교는 학생들의 안전을 위해 견학을 취소하기로 결정했다.

638
□□ **subscribe to**

1. ~에 가입하다, ~을 구독하다 ■ join
2. ~에 동의하다 ■ agree to

1. Members who subscribe to the website can take the courses for free. **EBS**
   그 웹사이트에 가입하는 회원은 강좌들을 무료로 수강할 수 있다.
2. They subscribe to the belief that pulling oneself out of poverty is easy. **EBS**
   그들은 자신을 가난에서 벗어나게 하는 것이 쉽다는 믿음에 동의한다.

639
□□ **make way for**

~에(게) 자리를 내주다 ■ give way to

As the parade approached, the crowd eagerly dispersed to make way for the marching band.
행렬이 다가오자, 군중은 행진 악대에 길을 내주기 위해 열심히 흩어졌다.

640
□□ **jump[leap] to conclusions**

성급히 결론을 내리다

The instinct to generalize can make us jump to conclusions about a whole category. **학평**
일반화하려는 본능은 우리에게 전체적인 범주에 대해 성급히 결론을 내리게 할 수 있다.

Review TEST

A 영어는 우리말로, 우리말은 영어로 쓰시오.

01 independent of _____

02 subscribe to _____

03 out of sight _____

04 kick in _____

05 ~의 관점에서, ~에 비추어 보면 _____

06 ~에서 유래하다, ~에서 비롯하다 _____

07 ~을 대신[대표]하여, ~을 위해서 _____

08 ~에게 자리를 내주다 _____

B 다음 문장의 빈칸에 들어갈 표현을 골라 알맞은 형태로 쓰시오.

allow for	hold together	be inclined to
at the expense of	be subjected to	as a whole

01 The team managed to _____ and complete the project on time.
그 팀은 단결하여 그 프로젝트를 제시간에 완수하게 되었다.

02 The recipe is flexible enough to _____ variations in the amount of
spices. 그 요리법은 향신료의 양의 변화를 허용할 만큼 충분히 유연하다.

03 Jennifer _____ procrastinate when it comes to doing her
assignments. Jennifer는 과제를 하는 것에 관해서는 꾸물거리는 경향이 있다.

04 Before being released to the market, the new drug _____ testing
for its safety. 시장에 출시되기 전에 그 신약은 안전성을 위한 검사를 받았다.

05 The technology brought Nobel considerable financial success _____
his health. 그 기술은 노벨의 건강을 희생하여 그에게 상당한 재정적 성공을 가져다주었다.

A 01 ~으로부터 독립되어, ~와 무관한, ~에 구애받지 않는   02 ~에 가입하다, ~을 구독하다, ~에 동의하다   03 눈에 보이지
않는 (곳에)   04 효과가 나타나기 시작하다, 활성화되다   05 in (the) light of   06 originate in   07 on behalf of
08 make way for
B 01 hold together   02 allow for   03 is inclined to   04 was subjected to   05 at the expense of

---

641 □□ **lay claim to**   ~에 대한 권리[소유권]를 주장하다

Hill was a real animal lover who already had laid claim to two cats. 　EBS　
Hill은 이미 두 고양이에 대한 소유권을 주장했던 적이 있는 진정한 동물 애호가였다.

---

642 □□ **rest on[upon]**

1. ~에 달려 있다, ~에 의존[의지]하다 　目　 depend on, rely on
2. ~에 기초하다
3. ~에 (놓여) 있다

1. The outcome of the negotiation will rest on your persuasive skills.
   협상의 결과는 네 설득력에 달려 있을 것이다.
2. It is modified because it does not usually rest on co-residence. 　모평　
   그것은 보통 공동 거주에 기초하지 않으므로 수정된다.
3. The hair rests on the highest point on the body. 　학평　
   머리카락은 신체의 가장 높은 지점에 있다.

---

643 □□ **cross one's mind**   생각이 나다, 생각이 떠오르다
　目　 come to[into] one's mind

It never crossed my mind that he would be so talented at playing the guitar.
나는 그가 기타 연주에 그렇게 재능이 있을 거라는 생각이 전혀 들지 않았다.

---

644 □□ **be stricken with**   ~에 걸리다, ~에 시달리다 　目　 contract, develop

A selfless Good Samaritan may be stricken with cancer. 　EBS　
이타적인 선한 사마리아인이 암에 걸릴 수도 있다.

645
☐☐ **on the same page**   생각이 같은

It was clear that everyone was on the same page regarding the next steps.
다음 단계에 관하여 모두가 생각이 같은 것이 분명했다.

646
☐☐ **come of age**   1. 발달한 상태가 되다, 충분히 발달하다
    2. 성년이 되다

1. Coming of age in the 18th and 19th centuries, the personal diary became a centerpiece in the construction of a modern subjectivity. 수능
18세기와 19세기에 발달한 개인 일기는 근대적 주체성을 구성하는 데 중심물이 되었다.

2. In the remote village, the children came of age through a traditional ceremony.
외딴 마을에서, 아이들은 전통 의식을 통해 성년이 되었다.

647
☐☐ **work through**   ~을 해결하다, ~을 다루다, ~을 처리하다 ▣ resolve

Crying will allow you to work through the difficult situation. EBS
우는 것은 당신이 어려운 상황을 해결할 수 있게 해 줄 것이다.

DAY
33

648
☐☐ **in pursuit of**   ~을 추구하여, ~을 쫓아서

The philosopher was devoted to contemplation, always in pursuit of wisdom and understanding.
그 철학자는 항상 지혜와 이해를 추구하며 명상에 전념했다.

649 relative to

혼동

1. ~에 대하여, ~와 관련하여
2. ~에 비해, ~와 비교하여

1. A destination has a good location relative to large tourist markets. **EBS**
어떤 목적지는 대규모 관광 시장과 관련하여 위치가 좋다.

2. Declining cities have too much housing and infrastructure relative to the strength of their economies. **학평**
쇠퇴하는 도시들은 그것들의 경제력에 비해 너무 많은 주택과 기반 시설을 가지고 있다.

➕ relevant to ~와 관련이 있는

650 relate to

1. ~와 관련되다, ~와 관계가 있다
2. ~에 공감하다, ~을 이해하다

1. Two components of a car relate to a consumer's purchase decision. **학평**
자동차의 두 구성 요소는 소비자의 구매 결정과 관련된다.

2. It is easy for young people to relate to the idea of songwriting. **EBS**
젊은이들은 작사 작곡에 대한 생각에 공감하기가 쉽다.

➕ related to ~와 관련된

651 associate A with B   A를 B와 연관시키다   ➖ correlate A with B

We often associate our sense of worthiness with our performance on an exam.
우리는 흔히 우리의 자부심을 우리의 시험 성적과 연관시킨다. **학평**

➕ be associated with ~와 관련[연관]되다

652 be better off   (상황·형편이) 더 낫다

If only people could generate more novel ideas, we'd all be better off. **EBS**
사람들이 더 참신한 아이디어를 만들어 낼 수만 있다면, 우리는 모두 상황이 더 나을 것이다.

➕ be worse off (상황·형편이) 더 못하다   be well off 유복하다, 잘 살다
be badly off 가난하다, (상황·상태가) 나쁘다

653 speak highly of — ~을 칭찬하다, ~을 높이 평가하다 ■ praise

Among all her peers, the director speaks highly of Linda's leadership skills and potential.
그녀의 모든 동료들 중에서, 그 이사는 Linda의 지도자적 능력과 잠재력을 칭찬한다.

+ speak ill[badly] of ~을 나쁘게 말하다   speak well of ~을 좋게 말하다

654 win over — 설득하다, 자기편으로 끌어들이다 ■ persuade, bring over

Good speakers often use effective language to win over an audience. 교과서
훌륭한 연사들은 청중을 설득하기 위해 감동적인 언어를 종종 사용한다.

655 lend oneself to
1. ~에 가담하다
2. ~에 적합하다 ■ fit, be appropriate[suitable] for

1. Jeff is always willing to lend himself to any sports activities his friends organize.
Jeff는 자기 친구들이 주최하는 어떤 스포츠 활동에도 항상 기꺼이 가담한다.
2. The calm environment of the park lends itself to meditation and relaxation.
그 공원의 고요한 환경은 명상과 휴식에 적합하다.

+ lend support to ~에 신빙성을 더해 주다

656 get hold of
1. ~을 구하다, ~을 손에 넣다 ■ obtain
2. ~와 접촉[연락]하다 ■ contact

1. In the end such a man becomes impossible to get hold of. EBS
결국 그런 사람은 구하는 것이 불가능하게 된다.
2. You can get hold of him by calling his mobile phone.
당신은 그의 휴대 전화에 전화를 걸어서 그와 연락할 수 있다.

DAY 33

---

657 on charges of　　　　　～의 혐의로　■ on a[the] charge of

The suspect will face trial on charges of theft and money laundering.
그 용의자는 절도와 돈세탁의 혐의로 재판받게 될 것이다.

---

658 conform to
1. ～에 부합하다[들어맞다]
2. ～을 따르다, ～에 순응하다　■ comply with

1. Depictions of the human form conform to a strict formula. 〔EBS〕
   인간 형태의 묘사는 엄격한 방식에 부합한다.
2. Most artists conform to the stylistic conventions of the era. 〔학평〕
   대부분의 예술가는 시대의 양식적 관습에 순응한다.

---

659 stick up for
1. ～을 지키다
2. ～을 옹호하다　■ defend

1. I was satisfied with myself for sticking up for what I felt was right. 〔EBS〕
   나는 내가 옳다고 느꼈던 것을 지킨 것에 대해서 내 자신에 만족했다.
2. You can build up courage and learn to stick up for yourself.
   당신은 용기를 내고 자신을 옹호하는 법을 배울 수 있다.

➕ stick to　～을 고수하다, ～을 지키다

---

660 have access to　　　～에 접근할 수 있다, ～을 이용할 수 있다

We now have access to the specific brain changes that occur during learning.
우리는 이제 학습하는 동안 일어나는 자세한 뇌의 변화에 접근할 수 있다. 〔수능〕

➕ with access to　～에 접근할 수 있는

A 영어는 우리말로, 우리말은 영어로 쓰시오.

01 rest on[upon] _____

02 be stricken with _____

03 relative to _____

04 associate A with B _____

05 (상황·형편이) 더 낫다 _____

06 설득하다, 자기편으로 끌어들이다 _____

07 ~을 지키다, ~을 옹호하다 _____

08 ~에 접근할 수 있다 _____

B 다음 문장의 빈칸에 들어갈 표현을 골라 알맞은 형태로 쓰시오.

cross one's mind	come of age	in pursuit of
speak highly of	get hold of	conform to

01 It _____ that I should start my own business for the first time.
나는 내 자신의 사업을 처음으로 시작해야겠다는 생각이 들었다.

02 As a responsible traveler, it is essential to _____ the local
customs. 책임감 있는 여행객으로서 현지 관습을 따르는 것은 필수이다.

03 Embracing different genres, the musician's talent _____.
다양한 장르를 수용하면서, 그 음악가의 재능은 충분히 발달했다.

04 I traveled to different countries _____ my passion for exploring
diverse cuisines. 나는 다양한 요리를 탐험하고 싶은 나의 열정을 쫓아 여러 나라를 여행했다.

05 The professor _____ his research abilities and encouraged him to
pursue a career in academia.
교수는 그의 연구 능력을 칭찬했고 그에게 학계에서 경력을 쌓을 것을 권유했다.

A 01 ~에 달려 있다, ~에 의존[의지]하다, ~에 기초하다, ~에 (놓여) 있다   02 ~에 걸리다, ~에 시달리다   03 ~에 대하여, ~와 관련하여, ~에 비해, ~와 비교하여   04 A를 B와 연관시키다   05 be better off   06 win over   07 stick up for
08 have access to
B 01 crossed my mind   02 conform to   03 came of age   04 in pursuit of   05 spoke highly of

661 □□ **settle on** ~을 (결)정하다 ▣ decide on

Why he settled on the combination of two violins, a viola, and a cello is not certain. **EBS**

그가 두 대의 바이올린, 비올라, 첼로의 조합을 결정한 이유는 확실하지 않다.

662 □□ **be opposed to** ~에 반대하다 ▣ object to

I am strongly opposed to the proposed measure to close down the pool. **EBS**
나는 수영장을 폐장한다는 제안된 조치에 강력히 반대한다.

➕ as opposed to ~이 아니라, ~와는 대조적으로

663 □□ **look out for**
1. ~을 보살피다 ▣ take care of
2. ~을 주의하다 ▣ watch out for

1. Parents need to look out for their children's emotional well-being.
부모들은 그들의 아이들의 정서적인 행복을 보살필 필요가 있다.

2. You should look out for spelling mistakes in your writing.
당신은 글을 쓸 때 철자 실수를 주의해야 한다.

664 □□ **run the risk of** ~의 위험을 무릅쓰다, ~의 위험이 있다

The face-threatening feedback runs the risk of lowering the student's confidence. **EBS**
체면을 손상하는 피드백은 학생의 자신감을 낮출 위험이 있다.

➕ take a risk 위험을 감수하다   at the risk of ~의 위험을 무릅쓰고

665
☐☐ **bring down**
1. 내리다, 낮추다 ▣ reduce, lower
2. 붕괴시키다, 파멸시키다

1. They can bring down prices on some construction materials.
   그들은 일부 건축 자재 가격을 내릴 수 있다.
2. The High Line soon fell out of favor and began to be closed and brought down. 교과서
   High Line은 곧 인기를 잃고 폐쇄되어 철거되기 시작했다.

666
☐☐ **in parallel with**
～에 병행하여, ～와 동시에

Deliberate positive disclosure exists in parallel with poor substantive environmental performance. EBS
의도적인 긍정적 공개는 좋지 않은 실질적 환경 성과에 병행하여 존재한다.

667
☐☐ **mistake A for B**
A를 B로 착각하다[오해하다]

Having known nothing else, the prisoners mistake the shadows for reality.
그 밖의 다른 어떤 것도 알지 못했기 때문에, 그 죄수들은 그 그림자를 실재로 착각한다.

DAY
34

668
☐☐ **be keen to *do***
～하기를 열망하다, 몹시 ～하고 싶어 하다 ▣ be eager to *do*

David was keen to appear smart in front of the younger kids. EBS
David는 더 어린아이들 앞에서 몹시 똑똑해 보이고 싶어 했다.

➕ be keen on ～을 아주 좋아하다, ～에 관심이 많다

669 opt for ~을 선택하다 ▣ choose

The majority of consumers in this group opted for the large bucket. `EBS`
이 그룹의 대다수 소비자는 큰 통을 선택했다.

➕ opt to *do* ~하기로 선택하다

---

670 native to
1. ~에 고유한
2. ~의 토종인, ~ 태생인

1. Pansori is one of the types of folk music native to Korea.
   판소리는 한국에 고유한 민속 음악 유형 중 하나이다.
2. Most will argue that chilies are native to their homeland. `교과서`
   대부분이 고추가 자기 나라의 토종이라고 주장할 것이다.

---

671 be in control (of) (~을) 통제[지배]하다

`혼동`

If a fly is not in control of the heat, it learns that its behavior has no effect. `EBS`
초파리가 열기를 통제하지 못하면, 그것은 자신의 행동이 아무런 영향을 미치지 않는다는 것을 알게 된다.

➕ take control of ~을 통제하다, ~을 지배하다

---

672 be under control (of) (~의) 통제[지배]하에 있다

Her confident attitude made us sense that things are under control.
그녀의 자신 있는 태도는 우리로 하여금 상황이 통제하에 있다는 것을 느끼게 하였다.

➕ keep ~ under control ~을 통제[지배]하다

673 **center around**

~에 집중하다, ~에 초점을 맞추다
🔁 concentrate on, focus on, center on

WALL·E's story centers around saving the planet from over-pollution. 〔EBS〕
*WALL·E*의 이야기는 과도한 오염으로부터 지구를 구하는 것에 초점을 맞춘다.

➕ be centered on ~에 집중되어 있다

674 **reliant on[upon]**

~에 의존[의지]하는 🔁 dependent on[upon]

Some plants are strongly reliant on bacteria to absorb nutrients from the soil.
일부 식물은 토양에서 영양분을 흡수하기 위해 박테리아에 크게 의존한다.

➕ reliance on[upon] ~에 대한 의존

675 **be occupied with**

1. ~에 몰두하다 🔁 be absorbed in, be immersed in
2. ~으로 바쁘다 🔁 be busy with

1. The children were occupied with building sandcastles on the beach.
   아이들은 해변에 모래성을 짓는 것에 몰두하고 있었다.

2. I am occupied with preparing for the exam and don't have time for social activities.
   나는 시험 준비를 하느라 바빠서 사회 활동을 할 시간이 없다.

DAY
34

676 **get to the point**

본론으로 들어가다, 핵심에 이르다 🔁 come to the point

So to get to the point, I'd like to sell your bread at the cafe I run. 〔EBS〕
그러면 본론으로 들어가서, 저는 당신의 빵을 제가 운영하는 카페에서 판매하고 싶습니다.

➕ to the point 간단명료한, 간결한

677 **fall short of**
~에 미치지 못하다 ▤ be short of

One can fall short of the standards at any stage in the life cycle. EBS
사람은 생애 주기의 어느 단계에서도 그 규범에 미치지 못할 수 있다.

➕ run short of ~이 떨어지다

678 **(every) once in a while**
가끔, 때때로
▤ sometimes, from time to time, on occasion, occasionally

A few mutations are likely to occur every once in a while within a population.
몇 가지 돌연변이가 개체군 내에서 가끔 일어날 가능성이 있다.
EBS

679 **put ~ on hold**
~을 보류하다, ~을 잠시 중단하다 ▤ suspend

When we believe that life is a series of competitions, we put empathy on hold
and behave selfishly. 교과서
우리가 삶이 일련의 경쟁이라고 믿을 때, 우리는 공감을 보류하고 이기적으로 행동한다.

680 **at the outset (of)**
(~의) 처음에
▤ from the outset (of), at the beginning[start] (of)

At the outset, we had some doubts about the feasibility of the plan.
처음에는, 우리에게 그 계획의 실현 가능성에 관해 약간의 의심이 있었다.

A 영어는 우리말로, 우리말은 영어로 쓰시오.

01 run the risk of _____

02 be keen to *do* _____

03 mistake A for B _____

04 every once in a while _____

05 ~에 반대하다 _____

06 ~에 고유한, ~의 토종인, ~ 태생인 _____

07 ~에 집중하다, ~에 초점을 맞추다 _____

08 ~에 미치지 못하다 _____

B 다음 문장의 빈칸에 들어갈 표현을 골라 알맞은 형태로 쓰시오.

look out for	in parallel with	be under control
be occupied with	reliant on	at the outset

01 The team leader _____ outlined the agenda for the discussion.
   팀장은 처음에 토론 의제를 간략하게 설명했다.

02 During her absence, her neighbors promised to _____ her plants.
   그녀가 없는 동안 그녀의 이웃들은 그녀의 식물을 보살피겠다고 약속했다.

03 The two experiments must be run _____ each other to validate
   the results. 두 실험은 결과를 검증하기 위해 서로 병행하여 실행되어야 한다.

04 She _____ her book, so she didn't notice the time passing by.
   그녀는 자신의 책에 몰두하느라 시간 가는 줄도 몰랐다.

05 He told her that things _____ and the project would be completed
   on time. 그는 그녀에게 상황이 통제되고 있으며 프로젝트가 제시간에 완료될 것이라고 말했다.

A 01 ~의 위험을 무릅쓰다, ~의 위험이 있다 02 ~하기를 열망하다, 몹시 ~하고 싶어 하다 03 A를 B로 착각하다[오해하다]
   04 가끔, 때때로 05 be opposed to 06 native to 07 center around 08 fall short of
B 01 at the outset 02 look out for 03 in parallel with 04 was occupied with 05 were under control

681 □□ conceive of ~을 상상하다, ~을 생각해 내다 🔁 imagine, come up with

It is not difficult to conceive of a situation. `EBS`
어떤 상황을 상상하는 것은 어렵지 않다.

➕ conceive of A as B A를 B라고 생각하다

682 □□ make for
1. ~에 기여하다, ~에 도움이 되다 🔁 contribute to
2. ~을 야기하다, ~을 조장하다 🔁 bring about, promote
3. ~으로 향하다 🔁 head for

1. Contests between virtuous and bad characters make for dramatic television. `EBS`
도덕적인 인물과 나쁜 인물 사이의 다툼은 극적인 텔레비전 프로그램에 기여한다.

2. Mass interactive media make for many unintended consequences. `EBS`
쌍방향 대중 매체는 의도하지 않은 많은 결과를 야기한다.

3. The lost travelers decided to make for the nearest town for help.
길을 잃은 여행객들은 도움을 청하러 가장 가까운 마을로 향하기로 결정했다.

683 □□ be concerned about[for] ~에 대해 걱정[염려]하다
🔁 be worried about, be anxious about

혼동

Some critics are little concerned about his extensive use of computers. `모평`
몇몇 비평가들은 그의 광범위한 컴퓨터 사용을 거의 염려하지 않는다.

684 □□ be concerned with
1. ~에 관심을 두다 🔁 be interested in
2. ~와 관련이 있다 🔁 be associated with

1. Individuals in tight cultures are concerned with conforming to normative rules. `EBS`
경직된 문화의 개인은 규범적인 규칙을 따르는 것에 관심을 둔다.

2. Marketing management is concerned with finding and increasing demand.
마케팅 경영은 수요를 찾고 증가시키는 것과 관련이 있다. `학평`

---

685 **have a dread of**

~을 겁내다, ~을 두려워하다

■ be afraid[scared] of, fear, dread

Ever since his first embarrassing experience on stage, he has had a dread of public speaking.

무대에서 처음 당황스러운 경험을 한 후, 그는 공석에서 말하는 것을 겁내 왔다.

---

686 **proceed to** *do*

이어서 ~하다

He outlined his plans and then proceeded to explain them in more detail.

그는 자기 계획의 개요를 설명하고 그런 다음 이어서 그것들을 더 상세하게 설명했다.

➕ proceed to ⓝ ~으로 향하다, ~에 이르다

---

687 **thrive on**

1. ~을 즐기다 ■ enjoy
2. ~을 잘 해내다 ■ do well

1. Thoughtful leaders thrive on disagreement. `EBS`

   사려 깊은 지도자들은 의견 차이를 즐긴다.

2. Sally is a highly driven individual who thrives on demanding tasks.

   Sally는 고된 업무를 잘 해내는 몹시 추진력 있는 사람이다.

---

688 **in opposition to**

1. ~와 대비되어[대조적으로]
2. ~에 반대[대립]하여

1. One taste is evaluated in opposition to another. `EBS`

   한 맛은 다른 맛과 대비되어 평가된다.

2. These "out-of-awareness" processes do not appear to be in opposition to consciousness. `EBS`

   이러한 '인식 밖의' 과정들은 의식에 대립하는 것처럼 보이지 않는다.

DAY
35

---

689 □□ **blow away**　1. ~을 감동시키다, ~에게 강한 인상을 주다 ▣ impress
　2. ~을 날려 버리다

1. His performance was so outstanding that he blew away the entire audience.
그의 연주가 매우 뛰어나서 그는 전체 관객을 감동시켰다.

2. The wind began to howl, threatening to blow away everything.
바람이 울부짖으며 모든 것을 날려 버릴 것처럼 위협하기 시작했다.

---

690 □□ **for the time being**　지금 당장은, 당분간은
　▣ for the moment[present], for now, temporarily

Evan's mother told him that he would have to say goodbye to his friends for the time being. 학평
Evan의 어머니는 그에게 그가 친구들과 지금 당장은 작별 인사를 해야 할 것이라고 말했다.

---

691 □□ **hold true**　1. 진실이다, 사실이다
　2. 딱 들어맞다, 적용되다, 유효하다

1. Each of these contradictory statements may hold true under particular conditions. 수능
이런 모순된 말들의 각각은 특정한 상황에서 사실일 수도 있다.

2. This holds true for both your conscious and unconscious thoughts. EBS
이것은 여러분의 의식적 사고와 무의식적인 사고 둘 다에 딱 들어맞는다.

---

692 □□ **in the absence of**　~이 없을 경우[때]

The experiments showed that certain bacteria could reproduce in the absence of oxygen.
그 실험은 특정 박테리아가 산소가 없을 때 번식할 수 있다는 것을 보여 주었다.

➕ in the presence of ~이 있을 경우[때]

693 at length

1. **상세히, 장황하게** ▣ thoroughly, fully, in detail
2. **오랫동안** ▣ for a long time
3. **마침내** ▣ finally, eventually, at last, in time, in the end

1. They reported at length, reviewing the entire incident.
   그들은 사건 전체를 검토하며 상세히 보고했다.

2. He explained to me at length the details of quantum mechanics.
   그는 나에게 양자 역학의 세부 사항을 오랫동안 설명했다.

3. After moments of hesitation, at length, there was a step forward.
   망설임의 순간이 지나고 마침내 한 걸음 전진이 있었다.

694 elaborate on[upon]   ~을 상세히 말하다

You don't need to hear the other side elaborate on their point because you already know it. **EBS**
당신이 상대방의 요점을 이미 알고 있기에 그가 그것을 상세히 말하는 것을 들을 필요가 없다.

695 cost a fortune   많은 돈이 들다, 엄청나게 비싸다

It doesn't cost a fortune to adopt an orangutan. **교과서**
오랑우탄을 입양하는 데 많은 돈이 드는 것은 아니다.

➕ make a fortune 돈을 많이 벌다

696 on the horizon   곧 일어날 듯한, 임박하여 ▣ just around the corner

Daybreak was on the horizon as they mounted their horses. **EBS**
그들이 말에 올라탔을 때 동이 트려 하고 있었다.

➕ a cloud on the horizon 곧 일어날 듯한 문제[불행]

---

697 □□ **be conscious of** ~을 인식[의식]하다, ~을 알고 있다 ■ be aware of

Normally, you are not conscious of the flow of basal tears until your eyes get dry due to their absence. 교과서

보통은 기본 눈물이 없어 눈이 건조해지기 전까지는 그것이 흐르는 것을 인식하지 못한다.

---

698 □□ **be suspicious of** ~을 의심하다 ■ be doubtful of

Buyers may be suspicious of a software firm in the middle of the cornfields. 학평

구매자들은 옥수수밭 한가운데 있는 소프트웨어 회사를 의심할 수도 있다.

---

699 □□ **keep ~ to oneself**
1. ~을 마음속에 담아 두다, ~을 비밀로 간직하다
2. ~을 독점하다

1. Even though he found a fascinating secret, he decided to keep it to himself.
   비록 그가 흥미로운 비밀을 발견했지만, 그는 그것을 마음속에 담아 두기로 결정했다.

2. Some animals defend an area only when they want to keep an abundant source of food all to themselves. EBS
   어떤 동물들은 그들이 풍부한 먹이 공급원을 독점하고 싶을 때만 구역을 지킨다.

➕ keep oneself to oneself 남과 어울리지 않다

---

700 □□ **miss out on** ~을 놓치다

We may be missing out on something that is deeply valuable and important.
우리는 매우 귀중하고 중요한 어떤 것을 놓치고 있을지도 모른다.

A 영어는 우리말로, 우리말은 영어로 쓰시오.

01 conceive of _____

02 be concerned with _____

03 hold true _____

04 on the horizon _____

05 ~에 대해 걱정[염려]하다 _____

06 지금 당장은, 당분간은 _____

07 상세히, 오랫동안, 마침내 _____

08 ~을 상세히 말하다 _____

B 다음 문장의 빈칸에 들어갈 표현을 골라 알맞은 형태로 쓰시오.

have a dread of	thrive on	blow away
in opposition to	in the absence of	be suspicious of

01 Exploring the cave was challenging _____ natural light.
동굴을 탐험하는 것은 자연광이 없는 상태에서 어려운 일이었다.

02 As a child, he always _____ thunderstorms and would seek comfort. 어렸을 때 그는 항상 천둥 번개를 겁냈고 위안을 찾곤 했다.

03 The group's excellent performance at tonight's concert _____ the audience! 오늘 밤 콘서트에서 그 그룹의 뛰어난 공연이 관객들을 감동시켰다!

04 Nill is an adventurer who _____ challenging adventures and extreme sports. Nill은 도전적인 모험과 극한 스포츠를 즐기는 모험가이다.

05 After the strange occurrences, the townspeople began to _____ the new resident. 이상한 일이 발생한 후, 마을 사람들은 새 주민을 의심하기 시작했다.

A 01 ~을 상상하다, ~을 생각해 내다 02 ~에 관심을 두다, ~와 관련이 있다 03 진실이다, 사실이다, 딱 들어맞다, 적용되다, 유효하다 04 곧 일어날 듯한, 임박하여 05 be concerned about[for] 06 for the time being 07 at length
08 elaborate on[upon]
B 01 in the absence of 02 had a dread of 03 blew away 04 thrives on 05 be suspicious of

WORD MASTER
SERIES

PART

III

빈출순으로 암기하는
고난도 숙어

701 catch up on
1. ~을 보충하다, ~을 만회하다 目 compensate for
2. (소식·정보를) 알아내다

1. Teenagers catch up on sleep on weekends, often sleeping until past midday.
십 대들은 주말에 자주 한낮이 지나서까지 자면서 잠을 보충한다. `EBS`
2. John would call occasionally to catch up on local news. `EBS`
John은 가끔 전화해서 지역 소식을 알아냈다.

702 from scratch
맨 처음부터, 아무것도 없이 目 from the start, from nothing

The Snow Hotel is built from scratch every year in November. `교과서`
스노우 호텔은 매년 11월에 맨 처음부터 지어진다.

703 dwell on[upon]
~에 대해 숙고하다 目 reflect on, think[puzzle] over

Dwelling on a loss or a mistake does not always lead to acceptance or forgiveness. `EBS`
상실이나 실수에 대해 숙고한다고 해서 항상 수용이나 용서로 이어지는 것은 아니다.

704 come into play
작동[활동]하기 시작하다

If the dose of a hormone continues to rise, negative feedback comes into play.
호르몬의 양이 계속 증가하면, 부정적인 피드백이 작동하기 시작한다. `EBS`
➕ come into effect 시행되다, 발효되다

705
by and large　　　대체로, 전반적으로　**🔁** on the whole, in general, generally

By and large, organizations do not have any problem of not having enough data. 모평
대체로, 조직은 충분한 데이터를 가지고 있지 않아도 아무 문제가 없다.

706
cling to　　　~에 매달리다, ~을 고수하다
🔁 stick to, hold on to, adhere to

People tend to cling to familiar routines for a sense of stability.
사람들은 안정감을 얻기 위해 익숙한 일상을 고수하는 경향이 있다.

707
as such　　　따라서, 그러므로　**🔁** thus, therefore

As such, interpretation is a response to the experience of textual complexity. EBS
따라서, 해석은 텍스트의 복잡성을 경험하는 데 대한 반응이다.

708
in line with　　　1. ~에 따라, ~에 맞춰서　**🔁** in accordance with
　　　　　　　　　　　2. ~와 일치하는, ~와 비슷한

1. An internal logic interprets experience in line with what people already believe. EBS
   내부의 논리는 경험을 사람들이 이미 믿고 있는 것에 따라 해석한다.

2. Water is pumped from the lock until the ship is in line with the lower level.
   배가 더 낮은 수위와 일치할 때까지 물이 로크로부터 양수된다. 모평

➕ fall in line with ~에 동의하다

---

709 be the case 사실이다 ▣ be true, be correct

The weather forecast predicted rain, but that may not be the case.
일기 예보에서 비가 올 것으로 예상했지만, 그것은 사실이 아닐 수도 있다.

➕ make a case 주장을 펼치다, 입장을 진술하다

---

710 pin down
1. 명확하게 규정하다, 정확히 밝히다
2. 꼼짝 못 하게 하다

1. Not all the influences in our lives can be pinned down and explained. **EBS**
   우리의 삶에서 모든 영향이 명확히 규정되고 설명될 수 있는 것은 아니다.

2. The fallen tree pinned him down, leaving him unable to move.
   쓰러진 나무가 그를 꼼짝 못 하게 해서 움직일 수 없게 만들었다.

---

711 by any chance 혹시, 혹시라도

Are you by any chance the actor from the musical, *The Man in the Mask*? **EBS**
혹시 뮤지컬 *The Man in the Mask*에 출연한 배우이신가요?

---

712 with[in] regard to ∼에 관해서, ∼와 관련하여
▣ relative to, with[in] respect to

Florida ranked first with regard to the number of workers added. **모평**
플로리다 주는 추가된 노동자 수에 관해서 1위였다.

713 **be tied to**
~와 관련이 있다, ~와 연관되어 있다
🔲 be related to, be associated with

For most of human existence, pay has been tied directly to output. **EBS**
인간이 존재한 대부분의 시기 동안, 보수는 성과와 직접적으로 관련이 있어 왔다.

714 **in no time**
곧, 즉시 🔲 soon, immediately, shortly

You can develop a new software system in no time. **EBS**
여러분은 곧 새로운 소프트웨어 시스템을 개발할 수 있다.

715 **and the like**
기타 등등 🔲 and so forth, and so on

We add traits that are less visible than skin coloration, hair texture, and the like. **학평**
우리는 피부색, 머릿결 등등보다 덜 가시적인 특성들을 추가한다.

716 **fall into place**
제자리를 찾다, 앞뒤가 맞다, 딱 맞아떨어지다
🔲 fit together, fit into place, make sense

Start with the good stuff and everything else will fall into place. **EBS**
좋은 것으로 시작하라, 그러면 다른 모든 것이 제자리를 찾을 것이다.

DAY
36

717 **go hand in hand**
밀접하게 관련이 있다

Water and politics go hand in hand for many societies and cultures. **EBS**
물과 정치는 많은 사회와 문화에서 밀접하게 관련이 있다.

➕ go hand in hand with ~와 병행되다

718 □□ in and of itself   그 자체로

The goal in and of itself is daunting and involves much effort and many complicated steps. 〔교과서〕
목표 그 자체는 버겁고 많은 노력과 많은 복잡한 단계들을 포함한다.

719 □□ follow through on   ~을 완수하다

Someone invests a great deal of money in a personal trainer to ensure they follow through on their commitment. 〔모평〕
누군가는 반드시 자신의 약속을 완수하기 위해 많은 돈을 개인 트레이너에게 투자한다.

720 □□ for the benefit of   ~을 위하여 目 for the sake[good] of

Some artists often take pains for the benefit of the viewers of their art. 〔EBS〕
몇몇 화가들은 자신의 예술을 보는 사람들을 위하여 자주 공을 들인다.

A 영어는 우리말로, 우리말은 영어로 쓰시오.

01 catch up on _____

02 from scratch _____

03 in line with _____

04 fall into place _____

05 작동[활동]하기 시작하다 _____

06 대체로, 전반적으로 _____

07 ~에 관해서, ~와 관련하여 _____

08 밀접하게 관련이 있다 _____

B 다음 문장의 빈칸에 들어갈 표현을 골라 알맞은 형태로 쓰시오.

dwell on	cling to	be tied to
for the benefit of	by any chance	pin down

01 The detectives skillfully _____ the suspect.
형사들은 능숙하게 용의자를 꼼짝 못하게 잡았다.

02 Despite the hardships, he continued to _____ his dreams,
refusing to give up. 고난에도 불구하고, 그는 포기하려 하지 않고 자신의 꿈을 계속 고수했다.

03 She preferred not to _____ past mistakes.
그녀는 과거의 실수에 대해 숙고하지 않는 것을 선호했다.

04 Scientists have worked tirelessly, conducting experiments, all _____
humanity. 과학자들은 인류를 위해 실험을 수행하면서 지칠 줄 모르고 연구해 왔다.

05 Excessive sugar consumption may _____ an increased risk of
heart disease. 과도한 설탕 섭취는 심장 질환의 위험 증가와 관련이 있을 수도 있다.

A 01 ~을 보충하다, ~을 만회하다, (소식·정보를) 알아내다   02 맨 처음부터, 아무것도 없이   03 ~에 따라, ~에 맞춰서, ~와
일치하는, ~와 비슷한   04 제자리를 찾다, 앞뒤가 맞다, 딱 맞아떨어지다   05 come into play   06 by and large
07 with[in] regard to   08 go hand in hand
B 01 pinned down   02 cling to   03 dwell on   04 for the benefit of   05 be tied to

721 ☐☐ **come down with** (병에) 걸리다

Your wearable device can warn you that you will soon be coming down with a cold. 교과서
당신의 착용형 기기가 당신이 곧 감기에 걸릴 것이라고 당신에게 경고할 수 있다.

722 ☐☐ **in accordance with** ～에 따라, ～에 부합하게 ⊟ according to, in line with

Things we use every day often act in accordance with interesting principles of science. 교과서
우리가 일상생활에서 사용하는 물건들은 흔히 흥미로운 과학 원리에 따라 작용한다.

723 ☐☐ **tap into**
1. ～에 다가가다[접근하다] ⊟ gain access to
2. ～을 활용하다 ⊟ make use of, utilize

1. Teaching a difficult topic seemed to tap into a maths superpower. EBS
어려운 주제를 가르치는 일은 수학의 막강한 힘에 다가가는 것 같았다.

2. A good experiment with honey bees taps into their natural way of life. EBS
좋은 꿀벌 실험은 그것의 자연스러운 생활 방식을 활용한다.

724 ☐☐ **more often than not** 자주, 대개, 흔히 ⊟ often

The way we wish the world to be is how it more often than not winds up being.
우리가 소망하는 세상의 모습이 대개 결국에는 이루어지는 세상의 모습이 된다. 수능

725 □□ **capitalize on** ～을 이용[활용]하다 ▣ tap into, take advantage of

The company capitalizes on the latest technological advancements to gain a competitive edge.
그 회사는 경쟁 우위를 확보하기 위해 최신 기술 발전을 활용한다.

726 □□ **take the place of** ～을 대신하다, ～을 대체하다
▣ substitute for

Robots are starting to take the place of humans in some industrial tasks.
로봇이 일부 산업 작업에서 인간을 대신하기 시작하고 있다.

727 □□ **with[in] respect to** ～에 대하여, ～와 관련하여 ▣ with[in] regard to, relative to

We can reasonably assume that true creation can hardly exist with respect to stories. ▨ EBS ▨
우리는 진정한 창작이란 이야기와 관련해서는 거의 존재할 수 없다고 합리적으로 가정할 수 있다.

728 □□ **rule out** ～을 배제하다, ～을 제외시키다 ▣ exclude, eliminate

DAY
37

Researchers must rule out other variables that may be creating a spurious relationship. ▨ 학평 ▨
연구자들은 허위 관계를 만들어 낼 수도 있는 다른 변인들을 배제해야 한다.

➕ rule against ～에게 불리한 판결을 내리다

729 by no means

절대[결코] ~이 아닌
■ never, anything but, far from, not at all

Though by no means healthier, palm oil is set to be the "clear alternative" for food producers.
결코 몸에 더 좋은 것은 아니지만, 팜유는 식품 생산자들에게 '분명한 대안'이 될 예정이다.

➕ not ~ by any means 절대[결코] ~이 아닌

730 by all means

반드시, 무슨 수를 쓰더라도 ■ at any cost, by any means

Paul was determined to win the race by all means, even if it meant pushing himself to the limit.
Paul은 그것이 비록 자신을 한계까지 밀어붙이는 한이 있더라도, 그 경주에서 반드시 이길 것을 다짐했다.

731 all the more

더욱더, 그만큼 더, 오히려

If a rumor is old enough, it starts to be called a "tradition" instead, and then people believe it all the more. 학평
만약 소문이 충분히 오래된 것이라면, 그것은 대신 '전통'으로 불리기 시작하고, 그러고 나서 사람들은 그것을 더욱더 믿는다.

732 ascribe A to B

1. A를 B의 탓으로 돌리다 ■ attribute[owe] A to B
2. A를 B에 속한다고 여기다

1. The problem revolved critically around the doctrine that Plato ascribed to Heraclitus. EBS
   그 문제는 플라톤이 그 기원을 헤라클레이토스에게 돌린 학설을 중심으로 비판적으로 전개되었다.

2. I ascribe any reality to my imagination. EBS
   나는 어떤 현실이든 나의 상상에 속하는 것으로 생각한다.

---

733 ☐☐ **by the same token**　　같은 이유로, 마찬가지로
■ for the same reason, likewise, similarly

By the same token, neither can be said to "define" or constitute space. `EBS`
같은 이유로, 어떤 것도 공간을 '정의하거나' 구성한다고 말할 수 없다.

---

734 ☐☐ **in proportion to**　　~에 비례하여, ~와 균형을 이루어

Harm should be remedied quickly and compensated in proportion to actual damages. `EBS`
피해는 신속하게 수습되고 실제 손해액에 비례하여 보상되어야 한다.

---

735 ☐☐ **on a whim**　　즉흥적으로, 충동적으로　■ on impulse

She didn't need the item, but she bought it on a whim because it looked interesting.
그녀는 그 물건이 필요하지 않았지만, 재미있어 보여서 그것을 충동적으로 샀다.

---

736 ☐☐ **at one's disposal**　　~의 마음대로 사용할 수 있는

One of the most cost-effective forms of publicity at your disposal is the news release. `EBS`
마음대로 사용할 수 있는 가장 비용 효율적인 형태의 홍보 방법 중 하나는 뉴스 보도 자료이다.

DAY 37

---

737 **it follows that**　　　　～이라는 결론에 이르다

It follows that at least some of these laws and principles will themselves remain unexplained. 〔학평〕
적어도 이러한 법칙과 원리 중 일부는 그 자체로 설명되지 않은 채 남을 것이라는 결론에 이른다.

---

738 **still less**　　　　《부정문 뒤에서》 ~은 더구나 아니다, ~(이 아님)은 더 말할 것도 없다 ▣ much[even] less, not to mention

Art addresses not pure sense, still less the pure intellect. 〔EBS〕
예술은 순수 감각을 다루지 않으며, 순수 지성은 더구나 다루지 않는다.

➕ still[much] more 《긍정문 뒤에서》 더구나 ~은 당연하다

---

739 **by any measure**　　　　아무리 생각해 보아도, 틀림없이

By any measure, the industry has experienced significant innovation and growth over the past decade.
아무리 생각해 보아도, 그 산업은 지난 10년간 상당한 혁신과 성장을 경험해 왔다.

---

740 **do the trick**　　　　효과가 있다, 성공하다
▣ turn the trick, do the job, have an effect (on)

The invitation to participate in the school poetry fest seems to do the trick. 〔EBS〕
학교 시 축제에 참여하도록 권유하는 것이 효과가 있는 것 같다.

A 영어는 우리말로, 우리말은 영어로 쓰시오.

01 come down with

_____

02 with respect to

_____

03 ascribe A to B

_____

04 it follows that

_____

05 ~에 다가가다, ~을 활용하다

_____

06 절대[결코] ~이 아닌

_____

07 ~에 비례하여, ~와 균형을 이루어

_____

08 아무리 생각해 보아도, 틀림없이

_____

B 다음 문장의 빈칸에 들어갈 표현을 골라 알맞은 형태로 쓰시오.

in accordance with	take the place of	rule out
by the same token	at one's disposal	do the trick

01 Susan couldn't find her keys initially, but retracing her steps _____.

Susan은 처음에는 열쇠를 찾지 못했지만, 자신이 온 길로 되돌아간 것이 효과가 있었다.

02 The company adjusted its pricing strategy _____ market force.

그 회사는 시장 원리에 따라 자사의 가격 전략을 조정했다.

03 Many vegans choose plant-based protein sources to _____ meat in their diets.

많은 엄격한 채식주의자들은 자신들의 식단에서 육류를 대신할 식물성 단백질 공급원을 선택한다.

04 With a wide range of tools _____, we were well-prepared to tackle any challenges. 다양한 도구를 마음대로 사용할 수 있어서, 우리는 어떤 문제도 해결할 준비가 되어 있었다.

05 To confirm the diagnosis, he needed to _____ other possible causes of the symptoms. 진단을 확인하기 위해, 그는 증상의 다른 가능한 원인을 배제해야 했다.

A 01 (병에) 걸리다　02 ~에 대하여, ~와 관련하여　03 A를 B의 탓으로 돌리다, A를 B에 속한다고 여기다　04 ~이라는 결론
에 이르다　05 tap into　06 by no means　07 in proportion to　08 by any measure
B 01 did the trick　02 in accordance with　03 take the place of　04 at our disposal　05 rule out

---

741 **get in the way (of)** (~에) 방해가 되다, (~을) 가로막다 🔲 be[stand] in the way (of)

Overwhelming fear can get in the way of many types of adaptive action. 〔학평〕
압도적인 공포는 많은 종류의 적응 작용에 방해가 될 수 있다.

---

742 **add up to**
1. 결국 ~이 되다 🔲 result in
2. 합계가 ~이 되다 🔲 amount to

1. Thousands of tons of discarded electronics add up to a huge amount of waste. 〔교과서〕
수천 톤의 버려진 전자제품들은 결국 엄청난 양의 쓰레기가 된다.
2. Percentages may add up to more than 100 due to rounding.
백분율은 반올림으로 인해 합계가 100을 초과하게 될 수도 있다.

---

743 **make the most of** ~을 최대한 활용하다[즐기다]

〔혼동〕

Art programs sometimes do not make the most of the many possible opportunities. 〔EBS〕
미술 교육 과정은 때때로 많은 가능한 기회를 최대한으로 활용하지 못한다.

---

744 **make the best of**
1. ~을 최대한 이용하다
2. ~을 어떻게든 극복하다, (힘든 상황에서도) 최선을 다하다

1. During the pandemic, many people learned to make the best of their time at home by pursuing new hobbies.
팬데믹 상황에서 많은 사람은 새로운 취미를 추구함으로써 집에서 자신들의 시간을 최대한 활용하는 법을 배웠다.
2. We're prepared to take hooks and side kicks, never give up, and make the best of it. 〔EBS〕
우리는 훅과 사이드킥을 받고, 절대로 포기하지 않으며, 그것을 어떻게든 극복할 각오가 되어 있다.

---

745 at stake

1. 위태로운, 위기에 처한 **目** at risk
2. 성패가 달려 있는

1. In rescue missions, every decision matters when people's lives are at stake.
구조 임무에서, 사람들의 생명이 위태로울 때는 모든 결정이 중요하다.

2. There is considerable benefit in obtaining the food or whatever is at stake. 「모평」
먹이 혹은 성패가 달려 있는 것은 무엇이든 얻는 것에는 상당한 이익이 있다.

---

746 be obliged to *do*

~할 의무가 있다, ~하지 않을 수 없다
目 be forced[compelled/bound] to *do*

You are not obliged to support someone who is making the world a worse place. 「학평」
여러분은 세상을 더 나쁜 곳으로 만들고 있는 누군가를 지지할 의무가 없다.

---

747 do one's utmost

최선을 다하다 **目** try[do] one's best

We do our utmost to value all the biological wealth of the planet. 「EBS」
우리는 지구의 모든 생물학적 재산을 소중하게 여기기 위해서 최선을 다한다.

DAY
38

---

748 in concert with

~와 함께, ~와 협력[제휴]하여 **目** in combination[league] with

It is quite common for nurture to act in concert with nature. 「EBS」
후천성이 선천성과 함께 작용하는 것은 아주 흔하다.

749 hit upon   ~을 생각해 내다, ~을 문득 떠올리다   **=** come up with

Sitting at his dining room table, the 15-year-old Goddard hit upon a plan. 교과서
식당의 식탁에 앉아 있는 15살의 Goddard는 한 가지 계획을 생각해 냈다.

750 by virtue of   ~ 덕분에, ~에 의해서   **=** thanks to, in virtue of, by means of

He was gentle and kind and, by virtue of his size, a natural protector of the little kids who had problems. EBS
그는 온화하고 친절했으며, 그의 덩치 덕분에 자연스럽게 문제가 있는 어린아이들의 보호자였다.

751 the other way around   반대로, 거꾸로

Indeed, self-views often reflected self-appraisals rather than the other way around. EBS
사실, 자기관은 흔히 반영된 자기 평가에 영향을 미치고 그 반대로는 아니다.

752 for good measure   추가로, 한술 더 떠서   **=** in addition, besides, as an extra

We packed all the necessary equipment and, for good measure, brought one extra flashlight.
우리는 필요한 장비를 모두 챙겼고, 추가로 여분의 손전등도 하나 더 가져왔다.

753 abide by   ~을 준수하다, ~을 지키다

During their early years, they are unable to understand or abide by rules. EBS
초기 몇 해 동안, 그들은 규칙을 이해하거나 지키지 못한다.

754 in the midst of ~이 한창일 때, ~의 한가운데에

In the midst of change, they embraced new opportunities and faced challenges with strength.
변화의 한가운데에서 그들은 새로운 기회를 받아들이고 도전에 힘있게 직면했다.

755 few and far between 흔하지 않은, 드문 ⬛ rare, scarce, unusual, uncommon

Sales of existing products would plummet, and new products would be few and far between. EBS
기존 제품의 판매는 급락할 것이고, 신제품은 흔치 않을 것이다.

756 on the verge of ~하기 직전에, 막 ~하려고 하는
⬛ at the point of, on the brink of

When you are living on the verge of starvation, a slight downturn in your food reserves makes a lot more difference than a slight upturn. 모평
당신이 아사 직전에 살아가고 있을 때에는 당신의 식량 비축물에서 약간의 감소는 약간의 증가보다 훨씬 더 큰 차이를 만든다.

757 shed light on ~을 밝히다, ~을 해명하다
⬛ cast[throw] light on, clear up, clarify

A discipline exists that sheds light on the nature and degree of those effects.
그런 영향의 성격과 정도를 밝히는 학문 분야가 존재한다. EBS

DAY
38

758 as far as it goes   어느 정도는   🔁 so far as it goes

The implication may sound good, and it may be a correct assessment as far as it goes. EBS
내포한 것은 괜찮게 들릴 수도 있고, 그것은 어느 정도는 정확한 평가일 수도 있다.

---

759 hold down
1. 억제하다   🔁 withhold, restrain, control
2. 제압하다, 억압하다

1. In turn, higher transaction costs hold down the volume of exchange in the economy. EBS
결과적으로 더 높은 거래 비용이 경제에서 교환의 양을 억제한다.

2. It took two strong men to hold down the suspect.
그 용의자를 제압하는 데 건장한 남자 두 명이 필요했다.

---

760 go to any length(s)   무엇이든 하다, 온갖 노력을 다하다

Little did he know that people would go to any length to connect with each other. 교과서
사람들이 서로 이어지기 위해 무엇이든 할 것이라는 것을 그는 전혀 알지 못했다.

A 영어는 우리말로, 우리말은 영어로 쓰시오.

01 get in the way of _____

02 make the most of _____

03 by virtue of _____

04 go to any length _____

05 ~을 어떻게든 극복하다 _____

06 위태로운, 성패가 달려 있는 _____

07 반대로, 거꾸로 _____

08 어느 정도는 _____

B 다음 문장의 빈칸에 들어갈 표현을 골라 알맞은 형태로 쓰시오.

add up to	be obliged to	in concert with
abide by	shed light on	hold down

01 Profits can _____ impressive sums with efficient management.
수익은 효율적인 관리를 통해 결국 엄청난 액수가 될 수 있다.

02 The excited puppy was so energetic that it had to be _____ gently.
흥분한 그 강아지는 너무 활기차서 부드럽게 억제되어야만 했다.

03 As a responsible citizen, we _____ follow traffic regulations.
책임감 있는 시민으로서 우리는 교통 법규를 준수할 의무가 있다.

04 The new research has _____ the previously unknown effects of social innovations. 새로운 연구는 이전에는 알려지지 않았던 사회 혁신의 효과를 밝혔다.

05 The marketing team worked _____ the design department to launch the new product. 마케팅 팀은 디자인 부서와 협력 작업을 하여 신제품을 출시했다.

A **01** ~에 방해가 되다, ~을 가로막다 **02** ~을 최대한 활용하다[즐기다] **03** ~ 덕분에, ~에 의해서 **04** 무엇이든 하다, 온갖 노력을 다하다 **05** make the best of **06** at stake **07** the other way around **08** as far as it goes

B **01** add up to **02** held down **03** are obliged to **04** shed light on **05** in concert with

---

761 □□ **on account of** ～ 때문에 🄱 because of, due to, owing to, thanks to

Such children avoid other problems on account of their eagerness to be ahead in school. EBS

그런 아이들은 학교에서 앞서고자 하는 열망 때문에 다른 문제를 회피한다.

---

762 □□ **draw on[upon]**
1. ～을 이용[활용]하다 🄱 make use of, take advantage of
2. ～에 의지하다 🄱 depend on

1. Designers draw on their experience of design when approaching a new project. 수능

   디자이너들은 새로운 프로젝트에 접근할 때 자신의 디자인 경험을 이용한다.

2. She solved the complex problems by drawing on her knowledge.

   그녀는 자신의 지식에 의지하여 그 복잡한 문제들을 풀었다.

➕ draw A into B A를 B로 끌어들이다

---

763 □□ **come of** ～의 결과로 나오다, ～의 결과이다

We can't imagine what they feel like or what good could come of them. EBS

우리는 그것이 어떤 느낌인지 또는 어떤 좋은 것이 그것의 결과로 나올 수 있을지 상상할 수 없다.

➕ come of age 성년이 되다, 충분히 발달하다

---

764 □□ **down the road**
1. 장래에, 앞으로 🄱 in the future
2. ～ 후에

1. They planned for more extreme events down the road. EBS

   그들은 장래에 더 극단적인 사건들에 대한 계획을 세웠다.

2. Thirty years down the road, the Hunter graduates were all doing pretty well.

   30년 후에 Hunter 졸업생들은 모두 꽤 잘하고 있었다. 교과서

---

765 out of the blue

갑자기, 느닷없이

🔁 suddenly, unexpectedly, all of a sudden, out of nowhere

At that moment, Pallas Athena, goddess of wisdom, appeared out of the blue.
그 순간, 지혜의 여신 Pallas Athena가 갑자기 나타났다. 〔교과서〕

---

766 leave off

멈추다, 중단하다 🔁 stop, cease, quit

The collective pooling of knowledge enables each generation to start where the last one left off. 〔EBS〕
지식을 집단으로 모으는 것 덕분에 각 세대가 바로 이전 세대가 멈춘 곳에서 시작할 수 있다.

---

767 think outside the box

고정 관념을 깨다, 새로운 사고를 하다

If you think outside the box, you will realize that there may be more than one answer. 〔교과서〕
여러분이 고정 관념을 깬다면, 여러분은 한 개 이상의 답이 있을 수 있다는 것을 깨닫게 될 것이다.

---

768 as to

1. ~에 관해서는
   🔁 as for, with[in] regard to, with[in] respect to, as regards
2. ~에 대하여 🔁 about

1. As to oxygen, plants might be used to produce it.
   산소에 관해서는, 식물이 그것을 만들기 위해 이용될 수 있다.

2. The political decision has already been made as to who the enemy is. 〔수능〕
   누가 적인가에 대하여 정치적인 결정이 이미 내려졌다.

DAY
39

769 **thumb through**　　　휙휙 넘겨보다, 급히 훑어보다

He thumbed through the textbook, absorbed by some information that he saw there. 교과서
그는 교과서를 휙휙 넘겨보면서 그가 그곳에서 본 정보에 사로잡혔다.

➕ thumb up ～에 동의하다, ～을 격려하다

770 **be bound up with**　　　～와 밀접한 관련이 있다 🔁 go hand in hand

Words are bound up with certain patterns of behavior that provide criteria for their application. EBS
말은 그것의 적용에 대한 기준을 제공하는 특정 행동 양식과 밀접한 관련이 있다.

771 **go all out**　　　전력을 다하다 🔁 make a great effort, do one's utmost

A modern-day parent goes all out to make his or her child a star. 교과서
현대 부모는 자신의 자녀를 스타로 만들기 위해 전력을 다한다.

772 **conjure up**　　　1. ～을 떠올리다[상기시키다] 🔁 come up with, evoke
　　　　　　　　　　　2. (주문을 외워) ～을 나타나게 하다

1. If you are lying, it is not easy to conjure up lots of details. 학평
당신이 거짓말을 하고 있다면, 많은 세부 내용을 떠올리기 쉽지 않다.

2. A magician conjures up the 'smoke and mirrors' effect to mislead his audience. EBS
마술사는 관객을 호도하기 위해 '연기와 거울' 효과를 나타나게 한다.

---

773 **for the sake of** ~을 위하여 ▣ for the benefit of

For the sake of our friendship, we decided to forgive each other.
우리의 우정을 위하여, 우리는 서로를 용서하기로 결심했다.

---

774 **stumble on[upon]** ~을 우연히 발견하다 ▣ bump into, come across

Others might stumble on the meaning — or miss it entirely. ▪EBS▪
다른 사람들은 그 의미를 우연히 발견하거나 완전히 놓칠지도 모른다.

➕ stumble on a stone 돌에 걸려 비틀거리다[넘어지다]

---

775 **venture into**
1. ~을 감행하다, 위험을 무릅쓰고 ~하다
   ▣ venture on[upon], run the risk of
2. ~으로 모험을 떠나다

1. She decided to venture into entrepreneurship and start her own business.
   그녀는 기업가 정신을 감행하여 자신의 사업을 시작하기로 결심했다.
2. European nations ventured into other parts of the world. ▪교과서▪
   유럽의 국가들은 세계의 다른 곳들로 모험을 떠났다.

➕ venture to do 대담하게 ~하다

DAY
39

---

776 **at a loss** 당황한, 어쩔 줄을 모르는 ▣ embarrassed, puzzled

When he saw the view, he was at a loss for words to describe its beauty.
그 경치를 보았을 때, 그는 그 아름다움을 무슨 말로 표현해야 할지 몰랐다.

777
□□ **in compliance with**   ~에 따라, ~에 응하여   ▤ in line with, in accordance with

The students submitted the required documents in compliance with the request.
학생들은 요청에 따라 필요한 서류를 제출했다.

778
□□ **get down to**   ~을 시작[착수]하다 ▤ start, begin

They didn't hesitate to get down to the new project after the long meeting.
그들은 오랜 회의 끝에 새로운 프로젝트를 착수하는 데 망설이지 않았다.

779
□□ **strike down**   1. ~을 쓰러뜨리다 ▤ knock down
2. ~을 폐지하다 ▤ abolish, do away with

1. With a swift blow, the skilled warrior managed to strike down the beast.
재빠른 일격으로, 숙련된 전사는 가까스로 그 야수를 쓰러뜨렸다.

2. The Supreme Court's decision to strike down the law was a significant victory.
그 법을 폐지하려는 대법원의 결정은 중요한 승리였다.

780
□□ **make a point of -ing**   반드시 ~하다

I'll make a point of watching the final online this Saturday. **EBS**
나는 이번 주 토요일에 온라인으로 본선 대회를 반드시 볼 것이다.

➕ make a point 생각을 밝히다

A 영어는 우리말로, 우리말은 영어로 쓰시오.

01 leave off _____

02 as to _____

03 go all out _____

04 conjure up _____

05 ~의 결과로 나오다, ~의 결과이다 _____

06 ~을 위하여 _____

07 ~에 따라, ~에 응하여 _____

08 ~을 쓰러뜨리다, ~을 폐지하다 _____

B 다음 문장의 빈칸에 들어갈 표현을 골라 알맞은 형태로 쓰시오.

draw on	down the road	out of the blue
be bound up with	stumble on	get down to

01 During our camping trip, a mysterious creature appeared _____.
우리의 캠핑 여행 중 신비스러운 생물이 난데없이 나타났다.

02 It is said that the national anthem _____ the history of our country.
애국가는 우리나라의 역사와 밀접히 관련이 있다고 말한다.

03 Before _____ the presentation, he took a few moments to gather
his thoughts. 프레젠테이션을 시작하기 전에 그는 잠시 자신의 생각을 정리하는 시간을 가졌다.

04 The hikers reported that they _____ an old cabin hidden among
the trees. 등산객들은 나무들 사이에 숨겨진 오래된 오두막을 우연히 발견했다고 보고했다.

05 The veteran investigator was able to _____ his years of
experience to solve the complex case.
그 베테랑 수사관은 다년간의 경험을 이용하여 그 복잡한 사건을 해결할 수 있었다.

A 01 멈추다, 중단하다   02 ~에 관해서는, ~에 대하여   03 전력을 다하다   04 ~을 떠올리다[상기시키다], (주문을 외워) ~을
나타나게 하다   05 come of   06 for the sake of   07 in compliance with   08 strike down
B 01 out of the blue   02 is bound up with   03 getting down to   04 stumbled on   05 draw on

781 in[with] reference to ～와 관련하여　☐ with regard to, with respect to

In reference to his prolific career, Miller wanted to "tell stories and have the film to back it up." EBS
자신의 매우 생산적인 이력과 관련하여, Miller는 '이야기하고 그것을 뒷받침할 영화를 갖고' 싶었던 것이다.

➕ without reference to ～와 상관없이

782 get anywhere 성과를 거두다, 성공하다　☐ be successful

Without teamwork, the project won't get anywhere, no matter how skilled the individuals are.
팀워크가 없다면, 개인이 아무리 실력이 뛰어나도 프로젝트는 성공할 수 없을 것이다.

➕ get nowhere 성과가 없다

783 to say nothing of ～은 말할 것도 없고　☐ not to mention, let alone, still less

It has caused significant challenges for the project, to say nothing of the time wasted.
낭비된 시간은 말할 것도 없고, 그것은 프로젝트에 상당한 어려움을 초래해 왔다.

784 take the trouble to do 수고스럽게[수고를 아끼지 않고] ～을 하다
☐ make the effort to do

French people are willing to take the trouble to find high-quality food that will please their palates. 교과서
프랑스 사람들은 자신들의 미각을 만족시킬 고품질 식품을 찾는 수고를 기꺼이 한다.

---

785 **be at odds with**   ~와 불화하다, ~와 상충하다

Satisfaction and contentment — at least of the longer-term variety — is at odds with survival. EBS
적어도 더 장기적인 종류의 만족과 흡족은 생존과 상충한다.

➕ at odds 다투는, 상충하는, 불화하는

---

786 **come to pass**   발생하다, 일어나다 ▤ take place, come about

We must prepare for any scenario, as we never know when the worst will come to pass.
언제 최악의 상황이 발생할지 전혀 모르기 때문에 우리는 모든 시나리오에 대비해야 한다.

---

787 **follow suit**   따라 하다, 선례를 따르다

His brave decision led many other disabled students to follow suit. 교과서
그의 용감한 결정은 많은 다른 장애 학생들이 따라 하게 했다.

---

788 **in the wake of**   1. ~의 결과로서 ▤ as a result of, as a consequence of
    2. ~에 뒤이어

1. Workers in industries have shifted jobs offshore in the wake of globalization.
산업체의 근로자들은 세계화의 결과로 해외로 일자리를 옮겼다. EBS

2. In the wake of the natural disaster, volunteers from all over the country rushed to the affected areas to help.
자연재해에 뒤이어, 전 세계의 자원봉사자들이 도움을 주기 위해 피해 지역으로 몰려갔다.

DAY
40

789 get on with
1. ~을 계속하다, ~을 해 나가다 🔲 go on with
2. ~와 잘 지내다 🔲 get along with

1. How else can you get on with what you are doing and let others manage your systems? **EBS**
그 외 어떤 방법으로 여러분이 하고 있는 일을 계속하고 다른 사람들이 여러분의 시스템을 관리하도록 할 수 있겠는가?

2. It's important to get on with your coworkers and foster a cooperative team atmosphere.
동료들과 잘 지내고 협력적인 팀 분위기를 조성하는 것이 중요하다.

790 make ends meet
1. 겨우 먹고살 만큼 벌다, 생계를 유지하다 🔲 earn a living
2. 수입과 지출의 균형을 맞추다

1. I worked in a small lease salon trying to make ends meet. **EBS**
나는 생계를 유지하기 위해 작은 임대 살롱에서 일했다.

2. After unexpected medical expenses, the family found themselves trying to make ends meet.
예상치 못한 의료비 지출로 그 가족은 수입과 지출의 균형을 맞추려고 노력하고 있었다.

791 at the mercy of
~ 앞에서 속수무책인, ~에 휘둘리는

In 1665, London was at the mercy of the Great Plague. **EBS**
1665년에 런던은 대역병 앞에서 속수무책이었다.

➕ lie at the mercy of ~에 좌우되다

792 be fed up with
~에 진저리가 나다, ~에 질리다 🔲 be tired of, be sick of

He was fed up with her constant complaining, so he asked her to be more positive.
그녀의 끊임없는 불평에 진저리가 나서, 그는 그녀에게 좀 더 긍정적이 되라고 요청했다.

793 phase out   단계적으로 폐지[중단]하다

India decided to phase out all 500-rupee and 1,000-rupee bills in the hope of reducing tax evasion. 교과서

인도는 탈세를 줄이려는 희망에서 모든 500루피와 1,000루피 지폐를 단계적으로 폐지하기로 결정했다.

794 in this regard   이러한 점에서, 이 점에 있어서는   🔁 in this respect

In this regard, John Blacking's comments, made in the 1970s, remain relevant today. EBS

이러한 점에서 1970년대에 John Blacking이 했던 논평은 오늘날에도 여전히 적절하다.

795 stand in for   ~을 대신하다   🔁 take the place of, substitute for

The words that make up our language systems stand in for or symbolize something. EBS

우리의 언어 체계를 구성하는 어휘들은 어떤 것을 대신하거나 상징한다.

➕ stand for ~을 나타내다, ~을 지지하다

796 ward off   ~을 막다, ~을 물리치다, ~을 피하다

He wrapped himself in a thick blanket to ward off the bitter cold.

그는 매서운 추위를 막기 위해서 두꺼운 담요로 몸을 감쌌다.

DAY **40**

---

797 □□ **on the ground(s) that**   ~라는 이유로

She tried to expel him on the grounds that he was a danger to others in his class. **EBS**

그녀는 그가 학급의 다른 학생들에게 위험한 인물이라는 이유로 그를 퇴학시키려고 했다.

---

798 □□ **see to it that**   반드시 ~하도록 하다   ■ make sure that

My assistant will see to it that you are housed and fed until the boat sails.

내 부하가 배가 뜰 때까지 반드시 당신의 거처와 음식을 마련해 주도록 할 것이다. **교과서**

---

799 □□ **for good (and all)**   영원히, 영구히   ■ forever, permanently

There are many who appreciate artworks but have no interest in owning them for good. **교과서**

미술 작품을 감상하면서도 그것을 영원히 소유하는 데는 관심이 없는 사람들이 많이 있다.

---

800 □□ **on the edge of**
1. ~의 가장자리에
2. 막 ~하려던 참에, ~에 임박하여

1. The warriors heard tales about dangers lurking on the edge of the dense woods.

전사들은 울창한 숲의 가장자리에 도사리고 있는 위험에 관한 이야기를 들었다.

2. She was on the edge of crying after hearing the sad news.

그녀는 그 슬픈 소식을 듣고 나서 막 울려던 참이었다.

A 영어는 우리말로, 우리말은 영어로 쓰시오.

01 in reference to _____

02 take the trouble to *do* _____

03 at the mercy of _____

04 ward off _____

05 성과를 거두다, 성공하다 _____

06 ~와 불화하다, ~와 상충하다 _____

07 ~라는 이유로 _____

08 반드시 ~하도록 하다 _____

B 다음 문장의 빈칸에 들어갈 표현을 골라 알맞은 형태로 쓰시오.

to say nothing of	in the wake of	be fed up with
make ends meet	stand in for	on the edge of

01 With rising expenses, they cannot _____ each month.
지출이 증가하면서, 그들은 매달 수입과 지출의 균형을 맞출 수 없다.

02 The conservationists are working to save a species _____
extinction. 환경 보호론자들은 멸종 위기에 임박한 종을 구하기 위해 노력하고 있다.

03 The workload is already getting intense, _____ the additional
tasks. 추가 업무는 말할 것도 없고 업무량은 이미 과중해지고 있다.

04 Linda _____ clearing up the mess in the office, so she hired a
cleaning service. Linda는 사무실의 지저분한 것을 치우는 데 진저리가 나서 청소 서비스를 고용했다.

05 Synonyms are words that can _____ other words, providing
alternative ways to express the same meaning.
동의어는 다른 단어를 대신할 수 있는 단어로, 같은 의미를 표현할 수 있는 대체 방법을 제공한다.

A 01 ~와 관련하여 02 수고스럽게[수고를 아끼지 않고] ~을 하다 03 ~ 앞에서 속수무책인, ~에 휘둘리는 04 ~을 막다,
~을 물리치다, ~을 피하다 05 get anywhere 06 be at odds with 07 on the ground(s) that 08 see to it that
B 01 make ends meet 02 on the edge of 03 to say nothing of 04 was fed up with 05 stand in for

WORD MASTER
SERIES

✖ **INDEX**

A

a couple of	74
a great deal of	190
a handful of	188
a host of	130
a majority of	176
a minority of	176
a number of	78
a range of	138
a series of	92
a variety of	72
abide by	238
according to	55
account for	114
accuse A of B	121
act on[upon]	151
adapt to	55
add to	104
add up to	236
adjust to	111
after all	76
ahead of time	134
all at once	87
all of a sudden	93
all the more	232
all the way	79
allow for	198
along with	72
amount to	56
an army of	168
and the like	227
and so forth	183
anything but	98
apart from	50
appeal to	134
apply for	65
apply to	55
approve of	123
around the clock	177
as a consequence	147
as a whole	201

as far as it goes	240
as for	169
as it is	80
as it were	80
as long as	84
as opposed to	129
as such	225
as to	243
ascribe A to B	232
aside from	166
ask for	66
associate A with B	206
at (the) most	111
at a distance	118
at a glance	159
at a loss	245
at a time	184
at all cost(s)	108
at all times	184
at any rate	165
at ease	123
at hand	116
at large	146
at least	79
at length	219
at one's disposal	233
at random	91
at stake	237
at the expense of	201
at the mercy of	250
at the moment	190
at the outset (of)	214
at the same time	76
at times	184
at will	153
at work	172
attend to	162
attribute A to B	162

B

B as well as A	93
back and forth	105
back off	159
back up	129
be about to *do*	82
be absorbed in	164
be accompanied by	169
be accustomed to -*ing*	104
be acquainted with	129
be afraid of	97
be aimed at	121
be anxious about	116
be anxious for[to *do*]	116
be apt to *do*	104
be associated with	120
be at odds with	249
be attached to	110
be aware of	67
be based on	26
be better off	206
be bound for	158
be bound to *do*	158
be bound up with	244
be busy -*ing*	156
be capable of	67
be caught in	190
be characterized by	148
be charged with	128
be committed to	192
be comparable to	183
be compelled to *do*	180
be composed of	150
be concerned about[for]	
	216
be concerned with	216
be conscious of	220
be content with	134
be convinced of	183
be correlated with	157
be crowded with	85

Y

MEMO

MEMO

MEMO

MEMO

[1열]

유지연 에스피영어학원
윤이강 윤이강 영어
이가나 이나영어교실
이근성 헬렌영어학원
이동현 쌤스터입시학원
이미경 전문과외
이수희 EAON 영어학원
이승민 KEREC
이승현 학문당입시학원
이지민 아이플러스 수학
이지현 대구 지니영어교습소
이진영 대성외국어
이헌욱 이헌욱 영어학원
임지민 헬렌영어학원
임형주 사범대단과학원
장지연 이지영어
장현진 고려대EIE어학원(현풍)
전윤애 올링글리쉬
전윤영 뮤엠영어 경동초점
전지민 헬렌영어학원
정대운 유신학원
정소영 씨즈더데일암어학원
정연주 대한민국 입시학원
정용희 에스피영어
정은경 전문과외
조혜연 연쌤영어수학학원
진보라 메이킹어학원
최정임 컬럼비아 영어학원
최현희 다온수학학원
최효진 너를 위한 영어
한정아 능인고등학교
황윤슬 사적인영어

대전

Tony Park 전문과외
강은혜 노마드국어영어학원
고우리 영어의 꿈
권현이 디디샘영어
길민주 전문과외
김경이 영어서당학원
김근범 딱쌤학원
김기형 상승학원
김영철 빅뱅잉글리시캠퍼스
김유진 굿티처강남학원
김주리 위드제이영어
김하나 위드유학원
나규성 비전21학원
남영종 엠베스트SE 대전 전민점
노현서 앨리잉글리쉬아카데미
민지원 만쌤영어교습소
박난정 제일학원
박성희 청담프라임학원
박효진 박효진 영어
박효춘 수잔스튜터링
심효령 삼부가람학원
안수정 궁극의 사고
오봉주 새미래영수학원
유수민 제일학원
윤예숙 전문과외
이고은 고은영어

[2열]

이길형 빌드업영어
이대희 청명대입학원
이보배 비비영어
이성구 청명대입학원
이수미 이수미어학원
이영란 일인주의 학원
이원성 파스칼베스티안학원
이재근 이재근영어수학학원
이홍원 홍T영어
임혜지 마이더스 손 영어학원
장유리 테스영어
정동현 대성외국어
정라라 영어문화원 정라라 영어교습소
정예슬 유레카원학원
정윤회 Alex's English
정혜수 쎌리영어
조재형 에듀플렉스
조현 퍼스트학원
채송아 위캔영어학원
최성호 에이스영어교습소
최현우 파스칼베스티안학원
한왕호 김태한영어학원
한형식 서대전여자고등학교
황지현 공부자존감영어입시학원

부산

강민주 전문과외
강하늘 뉴스터디종합학원
고경원 JS 영수학원
김도담 도담한영어교실
김도윤 코어영어 교습소
김동혁 코어영어수학전문학원
김동휘 장정호 영어전문학원
김미혜 데멘토영어
김병택 탑으로가는 영어 교습소
김서영 대치명인학원(해운대)
김성미 다올영어
김소림 엘라영어학원
김소연 전문과외
김수정 리더스어학원
김연주 링구아어학원
김은숙 강동초등학교
김재혁 부산진구 탑클래스 영어학원
김지애 김지애영어연구소
김진규 의문을열다
김효은 김효은 영어전문학원
남재호 제니스학원
류미향 류미향입시영어
박미진 MJ영어학원
박수진 제이엔씨 영어학원
박영주 전문과외
박지우 영어를 ON하다
박창헌 오늘도영어그리고수학
배찬모 에이플러스 영어교습소
변혜련 전문과외
성장우 전문과외
손지안 정판 아슬란학원
송석준 비상아이비츠 해량학원
송초롱 과정최상위영어

[3열]

심혜정 명품수학
안영실 개금국제학원
안정희 GnB어학원양성캠퍼스
양해주 링구아어학원 해운대
오세창 범천반석단과학원
오정안 쏘트
오지은 이루다영어
윤경은 쌘드루
윤지영 잉글리쉬무무영어교습소
윤진희 전문과외
이기연 미네르바국제아카데미
이미정 헬리듀영어교습소
이상석 상석영어
이순실 종로엠스쿨(하단분원)
이윤호 메트로 영어
이재우 무한꿈터
이지현 Serena영어
이혜정 로엠어학원
임정연 안은경영어학원
장민지 탑클래스영어학원
정승덕 성균관 영어
정영훈 J&C영어전문학원(제이엔씨)
조성훈 입시영어전문 THOUGHT
채지영 리드앤톡영어도서관학원
최승빈 다온학원
최우성 초이English&Pass
최나내 전문과외
최효선 해피트리어학원
탁아진 에이블영어국어학원
한영희 미래탐구 해운대

서울

kimhyerim 아르테에비뉴
가혜림 벨쌤.com
강민정 네오 과학학원
강보경 크라센어학원
강성호 대원고등학교
강정훈 더(the)상승학원
강준수 전문과외
강현숙 토피아어학원 중계캠퍼스
공리아 리더스 잠실
구나현 플러스잉글리쉬영어교습소
구대만 잇올 스파르타 독재학원
구민모 키움학원
구지은 DYB최선!Mate 본사
권혜령 전문과외
김경수 탑캠입시앤영어
김나결 레이쌤영어교습소
김남철 마이티마우스학원
김명열 대치명인학원
김미온 오늘도맑음 영어교습소
김미정 전문과외
김병준 iLO ENGLISH
김보경 클라우드캐슬영어교습소
김빛나 뮤엠영어피닉스영어교습소
김상희 스카이플러스학원
김선경 대치마크영어
김성근 배움자리학원
김성연 대치열린학원
김소정 브로든 영어

[4열]

김승환 Arnold English Class
김연아 올리비아 영어교습소
김영삼 YS영어공부방
김은루 루사이 잉글리시
김은정 전문과외
김은진 에이스영어교습소
김정민 더블유 영어학원
김정수 토즈 스터디센터
김종현 김종현영어
김지현 다원교육 목동
김태훈 이투스247학원 송파점
김하은 전문과외
김현욱 대치웰영어학원
김현정 진심영어
김현지 전문과외
김혜림 대치 청담 어학원
김혜영 스터디원
김희정 스터디 코치
나선아 전문과외
노은경 이은재어학원
노종주 전문과외
노진숙 최선어학원
노혜정 최강학원
도선혜 중계동 영어 공부방
류하영 전문과외
맹혜선 휘경여자고등학교
명가은 명가은영어학원
명지기 명지기 영어학원
문민아 탄탄대로 입시컨설팅
문지현 반포엔리학원
박광운 영어교습소
박기철 한진연 입시전략연구소
박남규 알짜영어교습소
박미애 명문3혜학원
박미정 위드멘토학원
박병석 주영학원
박선경 씨투엠학원
박소영 JOY English
박소라 전문과외
박솔이 SOLE English
박수정 YBM잉글루 박수정 영어학원
박숭규 이지수능교육
박은경 서영영어
박은경 오늘영어교습소
박정미 드림영어하이수학학원
박정효 성북메가스터디
박준용 은평 G1230 학원
박지연 영어공부연구소
박진경 JAYz ENGLISH
박찬경 펜타곤영어학원
박현정 1등급학원
반향진 세레나영어수학
배수현 남다른이해
배현경 전문과외
변지예 북두칠성학원
서예은 스터디브릭스학원 내신관
서은조 방배중학교
손종민 미즈온학원
신경훈 탑앤탑 수학영어 학원

신연우	목동 씨앤씨학원	정경록	미즈원어학원

Column 1

신연우 목동 씨앤씨학원
신정애 당산점 와와학습코칭학원
신지혜 비욘드 어드밴스트
신호현 아로새김학원
신희경 신쌤영어
심나현 성북메가스터디
안미영 스카이플러스학원
안웅희 이엔엠영수전문학원
양세희 양세희수능영어 학원
양하나 목동 씨앤씨 바이올렛T
어홍주 이-베스트 영어학원
엄태열 대치차오름학원
오남숙 헬리오 오쌤 영어
오은경 전문과외
용혜영 SWEET ENGLISH 영어전문 공부방
우승희 우승희영어학원
유경미 무무&차(천광학원)
윤성 대치동 새움학원
윤은미 CnT 영어학원
윤지인 반포잉글리쉬튜터링
이계훈 이지영어학원
이광희 가온에듀 2관
이국재 공감학원
이남규 신정송현학원
이명순 Top Class English
이미나 위드미영어교습소
이미영 티엔б하버드영어학원
이상수 넥서스학원
이석원 숭실중학교
이석호 한샘영재학원
이성택 엠아이씨영어학원
이수정 정상어학원
이승미 금천정상어학원
이아진 AJ INSTITUTE
이연주 Real_YJ English
이윤형 아만다영어학원
이은선 드림영수하이수학원
이은영 DNA영어학원
이은정 전문과외
이은주 대치써미트영어학원
이자임 자몽영어교습소
이정인 프레임 학원
이정혜 수시이룸교육
이주희 윌링어학원
이지민 대치명인학원 은평캠퍼스
이지연 석률학원
이철웅 비상하는 또또학원
이혜숙 사당대성보습학원
이혜정 이루리학원
이희영 이샘영어 아카데미 교습소
이희진 목동씨앤씨
임서은 형설학원
임소혜 윤선생영어교실 신내키움
임은희 전문과외
장서희 전문과외
장소담 최선어학원
전계령 신촌 메가스터디학원
전수진 절대영어학원
전지영 탑클래스영수학원
정가람 촘촘영어

Column 2

정경록 미즈원어학원
정민혜 정민혜밀착영어학원
정성원 메가스터디 러셀 영통,중계
정성준 탑탑영어
정유하 YNS 열정과신념 영어학원
정재숙 씨알학원
정지희 대치하이영어전문학원
정해림 서울숭의초등학교 영어전담
조미영 튼튼영어 마스터클럽 구로학원
조민석 더원영수학원
조미Н 정성영어
조봉현 조쌤영수어학원
조연아 연쌤 영어
조용수 EMC이승환영어전문학원
조용현 바른스터디학원
조은성 종로학원
조인희 가디언 어학원(본원)
진영민 브로드영어학원
채상우 클레영어
채에스더 문래중학교
천수진 메리트영어
천예순 폴티스영어학원
최가은 지엔영어
최민주 전문과외
최수린 목동 CNC 국제관
최안나 영어의완성 영어교습소
최유송 목동 씨앤씨학원(CNC)
최유정 강북청솔학원
최정문 한성학원
최형미 전문과외
최희재 SA어학원
편선경 IGSE Academy
표효진 연세마스터스 학원
하다님 연세마스터스 학원
하제원 더블랙에듀
한인혜 레나잉글리쉬
한예주 함영원입시전문학원
함규민 클레어영어교실
허미영 삼성영수 창일교실 학원
현승준 강남종로학원 교대점
홍대균 홍대균 영어
홍영민 성북상상학원
홍희진 이티영어학원
황상희 어나더레벨 영어전문학원
황선애 앤스영어학원
황혜진 이루다 영어

세종

김보경 더시에나
방종염 세움학원
백승희 백승희영어
손대령 강한영어학원
송지원 베이 교육컨설팅
안성주 데타임학원
안초롱 21세기학원
이지현 OEC 올리비아 영어 교습소
이현La 전문과외
허욱 전문과외

Column 3

울산

강상배 전문과외
김경수 핀포인트영어학원
김경현 에린영어
김광규 EIE 온양어학원
김주희 하이디 영어교습소
김한중 스마트영어전문학원
서예원 해법멘토영어수학학원
송희철 꿈꾸는고래
양혜정 양혜정영어
엄여은 준쌤영어교습소
윤주이 인생영어학원
이서경 이서경영어
이수현 제이엘영어교습소
이윤미 제이앤에스 영어수학
임재희 임재희영어전문학원
정은선 한국esl어학원
조충일 YBM잉글루 울산언양 제1캠퍼스
최나비 더오름high-end학원
한건수 한스영어
허부배 비즈단과학원
황희정 장검 앵카어학원

인천

강재민 스터디워드제이쌤
고미경 쎄리영어학원
김갑헌 카일쌤영어학원
김미경 전문과외
김선나 태풍영어학원
김영태 에듀터학원
김영호 조주석수학&영어클리닉학원
김옥경 잉글리쉬 베이
김지연 송도탑탑영어학원
김지이 Jenna's English
김현미 송도탑탑영어학원
김현미 에이플러스원영어수학학원
나일지 두드림하이학원
남미경 뮤엘구월서초영어교습소
문지현 고대어학원
박민아 하이영어
박소연 링컨 영어
박정우 영수원칙학원
박주현 Ashley's English Corner
박진영 인천외국어고등학교
배이슬 비상영수학원
서유화 K&C American School
성하용 타이탄 영어
송현미 Kathy's Class
신나리 이루다교육학원
신은주 명문학원
신현경 전문과외
심현정 전문과외
오희정 엠베스트SE논현캐슬
원정연 공탑학원
윤선 밀턴 영어학원
윤효주 프렌잉글리시청라레이크블루
윤희영 세실영어
이가희 S&U영어
이동규 인천상아초등학교
이미선 고품격EM EDU

Column 4

이수진 전문과외
이윤주 Triple One
이은정 인천 논현 고등학교
이주연 레이첼영어
이진희 이진희 영어
이한아 선한영수
장승혁 지엘학원
전혜원 제일고등학교
정도영 스테디 잉글리시
정춘기 정상어학원 남동분원
조슈아 와이즈에듀학원
조윤정 원당중학교
최민지 박쌤영어
최수련 업솔업영어교습소
최지유 J(제이)영수전문학원
최창영 학산에듀
한은경 호크마학원
황성현 인천외국어고등학교

전남

강용문 JK영수
강유미 정상어학원 목포남악분원
고경herub 에이블 잉글리쉬
곽혜진 H&J ENGLISH
김미선 여수개인교습
김아름 전문과외
김은정 BesInBest
류성준 타임영어학원
박동규 정상학원
박민지 벨라영어
박현미 정상어학원 목포남악분원
서창현 목포백련초등학교
손빛나 프렌잉글리시 여수웅천학원
손성호 아름다운 11월학원
양명승 엠에스어학원
오은주 순천금당고등학교
이상호 스카이입시학원
이영주 재키리 영어학원
임동욱 문향고등학교
조소을 수잉글리쉬
차형진 상아탑학원
황상윤 K&H 중고등 영어 전문학원

전북

길지만 비상잉글리시아이영어학원
김대--- 엠베스트SE 전주점
김설아 전주 에듀캠프학원
김수정 베이스탑영어
김예진 카일리영어학원
김주원 애플영어학원
박도희 전문과외
서명--- 전북 군산 한림학원
안지슨 안지슨영어학원
유영묵 유영목영어전문학원
은장원 의치약한수 학원
이경훈 리더스영수전문학원
이미정 토카토영어학원
이수정 씨에이엔영어학원
이지원 탄탄영수학원
이진주 전문과외

이한결 DNA영어학원　　　이경수 더에스에이티 영수단과 학원
이현준 준영어교습소　　　이재욱 대학가는 길 학원
이효상 에임하이영수학원　　이재은 파머스영어와이즈톡학원
임마지 조아잉글리쉬어학원　이혜인 위즈영어학원
조예진 전문과외　　　　　　임원용 KGI 의대학원
조형진 대니아빠앤디영어교습소　조현국 업클래스학원
최석원 전주에듀캠프학원　　최철우 최쌤영어
한주훈 알파스터디영어수학전문학원　하선빈 어썸영어수학학원
한찬미 찬미쌤영수교실　　　홍병찬 서울학원

제주
고보경 제주여자고등학교
고승용 제주알앤케이학원
김민정 제주낭만고등어학원
김평호 서이현 아카데미
김현정 유비고 영어학원
박시연 에임하이학원
배동환 뿌리와샘
이재철 함성소리학원
이호민 대정탑클래스학원
임정열 엑셀영어
정승현 J's English

충남
강유안 전문과외
고유미 고유미영어
권선교 합덕토킹스타학원
김인영 더오름영어
김일환 김일환어학원
김창현 타임영어학원
김현우 프렌잉글리시로엘입시전문학원
남궁선 공부의 맵 학원
박서현 EiE고려대어학원 논산캠퍼스
박재영 로제타스톤 영어교실
박태혁 인디고학원
박희진 박쌤영어 과외
백일선 명사특강
설재윤 마스타입시교육원
우승직 제니스 영어 공부방
윤현미 비비안의 잉글리쉬 클래스
이규현 글로벌학원
이수진 이수진쌤영어
이종화 오름에듀
이호영 이플러스 학원
장성은 상승기류
장완기 장완기학원
장진아 종로엠스쿨 부여점
정래 (주)탑씨크리트교육
조남진 표선생영어학원
최용원 서일고등학교
허지수 전문과외

충북
마종수 새움다움학원
박광수 폴인어학원
박수열 팍스잉글리쉬학원
신유정 비타민영어클리닉
연수지 탑클랜영어수학학원
우선규 우선규영어교습소
윤홍석 대학가는길 학원

학습앱 으로 단어 암기 효과 업그레이드

워드마스터 학습앱 How To Use

Step. 1 **앱 설치 및 회원가입**

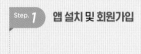

》 앱 바로가기

Step. 2 **마이룸에서 학습앱 코드 입력**

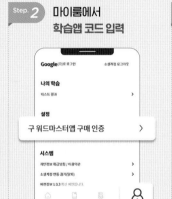

Step. 3 **학습관에서 데이터 다운로드**

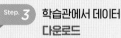

Step. 4 **학습관에서 단어/음성 암기부터 TEST까지**

Step. 5 **단어장에서 헷갈리는 단어 복습**

Step. 6 **마이룸에서 누적 테스트 결과로 학습 상태 점검**

워크북의 학습앱 코드를 입력해서 바로 사용하세요!